STEFAN MARQUARD

BLITZKÜCHE

Inhaltsverzeichnis

20 Marquards Basics

Selbstgemachte Kühlschrank-Vorräte, die viel Zeit sparen: Dressings, Tomatensauce, marinierte Gemüse, kräftige Geflügel- und Rinderbrühe

32 Salate und Gemüse

Von Armen Avocado-Melonen-Rittern, gegrillter Melone, Kartoffel-Bohnen-Pfanne, feinen Artischocken mit Bulgur und anderen Blitz-Genüssen

Schlicht und ergreifend ...

Spitzenküche für jeden Tag und die ganze Familie, Freunde und Gäste – das Ganze ohne Schnickschnack und Schickimicki? Na klar geht das! Auch mit wenig Zeit, auch wenn Sie vorher noch nie den Kochlöffel geschwungen haben, auch wenn Sie bisher nur irgendwelches Essen aus der Folie in der Mikrowelle erwärmt haben oder von sich selber denken, Sie wären nicht so der kreative Typ. Aber kommen Sie jetzt bloß nicht auf den Gedanken, dass Kochen keine große Sache ist. **Kochen ist eine der genialsten und erfüllendsten Beschäftigungen der Welt. Sie betreten ein Land der unbegrenzten Möglichkeiten.**

Erlaubt ist, was echt schmeckt

Natürlich gab es auch in der Küche alles in irgendeiner Form schon mal. Aber letztlich kommt es darauf an, wie ich geschickt mit meinen Lebensmitteln umgehe, um ein Gericht an meine Bedürfnisse und die meiner Familie und Gäste anzupassen. Wenn ich also ein schnelles Mittagessen zubereiten will, das auch den Kindern schmeckt, oder für Freunde eine Spontanparty gebe, dann brauche ich bestimmte Basiszutaten. Die sind der Schlüssel zum Glück! Dabei *muss*, und ich betone es noch mal, *muss* es sich immer um echte Lebensmittel handeln. Das sind Nahrungsmittel, die den Namen auch verdienen. Sie sind frisch, kommen am besten aus der Region, werden erst dann geerntet, wenn sie reif sind, und stammen aus artgerechter Tierhaltung. Für ein ausgezeichnetes Essen brauchen Sie weder japanische Messer, noch Kaviar oder Kalahari-Salz, sondern nur eines: Respekt vor guten Lebensmitteln. Und die gibt es in jedem gut bestückten Supermarkt um die Ecke.

Zack, fertig!

Die Gerichte sind wirklich schnell fertig. Bei mir noch deutlich schneller, als jetzt im Buch angegeben. Aber um ganz sicher zu gehen, dass es auch in Ihrer Küche klappt, wurden alle Rezepte noch mal von »Nichtprofis« nachgekocht. Ihre Tipps & Tricks haben wir in die Rezepte eingearbeitet.

Auf den nächsten Seiten zeige ich Ihnen, welche Ausrüstung für die Küche Sinn macht, und wie Sie mit einem geschickten selbstgemachten Vorrat Ihren Kühl- und Gefrierschrank bestücken können. Diese Basics sind echte Koch-Beschleuniger!

Ob Sie mit Gas- oder Elektro- oder Induktionsherd kochen – es gelingt auf jeden Fall. Vorteil bei Gas und Induktion: Die Hitze ist sofort da und die Gerichte sind schneller heiß.

Wenn Sie dann noch die folgenden Ratschläge berücksichtigen, haben Sie echten Spaß mit der Blitzküche. Machen Sie es einfach wie die Profis:
• Erstmal das Rezept sorgfältig lesen.
• Dann alle Zutaten bereitstellen und abwiegen oder abmessen.
• Holen Sie auch die benötigten Kochutensilien aus dem Schrank. Bei den kurzen Garzeiten macht es nur Stress, wenn man mittendrin anfängt, den Gemüsehobel zu suchen.
• Und dann arbeiten Sie einfach nach der Rezeptbeschreibung. Die verschiedenen Arbeitsgänge greifen ineinander. Bis die Brühe kocht, kann schon das Gemüse geschnitten werden. Und während das Gericht gart, wird der Salat geschnippelt.

So ist alles schnell auf dem Teller. Das Leben ist kurz, genießen Sie es.

Alles Gute am Herd wünscht Ihnen Ihr

Stefan Marquard

(in der Küche) nichts

Das Prinzip der Blitzküche: Sie können alle Rezepte aus diesem Buch mit frischen Zutaten aus dem Supermarkt und mit Hilfe eines selbstgemachten Vorrats blitzschnell und einfach kochen. Und schnell kochen heißt hier auf keinen Fall mies kochen! Bei einem Teil der Rezepte bringt der Schnellkochtopf noch etwas Speed in das Ganze. So können Sie schon nach 15 bis 30 Minuten am Tisch sitzen und ein richtig gutes Essen genießen. Wer will, kann sich für eine noch bessere Zeiteinteilung auch einen Wochenplan machen. Das ist ganz praktisch, wenn Sie Familie haben und einen Job – oder auch nicht. Letztlich ist so ein Plan Typsache. Der eine mag es strukturierter, der andere liebt das Chaos und die Überraschung. Für den Basisvorrat ist der Plan jedenfalls eine gute Sache. Wer nicht gern vorplant, geht dann nach der Arbeit noch schnell einkaufen (Einkaufszettel nicht vergessen und Rezept vorher durchlesen!).

Werden Sie kreativ

Alle Rezepte sind nicht nur einfach und kompatibel für den Alltag, sie wecken mit der Zeit auch Ihre Kreativität am Herd. Wenn das im Rezept angegebene Gemüse nicht da ist, nehmen Sie einfach ein anderes. Und Sie können gern Hähnchen statt Pute verwenden oder Lamm statt Rind. Das Würzen – ob klassisch, mediterran, orientalisch oder asiatisch – haben Sie allein in der Hand. Wenn Sie dann auch noch Ihre Vorräte im Auge behalten ist alles paletti. Aber das spielt sich mit der Zeit wie von selbst ein.

Das Beste daran: Sie sind ein freier Mensch und müssen nie mehr zu einem Fertiggericht greifen. Gute Nachricht, oder? Sie wissen jetzt sogar ganz genau, was in Ihrem Essen steckt.

Kleiner Trick: Beim Schneiden von Gurken, Zucchini, Möhren immer erst auf einer Seite eine Scheibe abschneiden. Dann liegt das Gemüse sicher auf dem Schneidbrett und Sie können locker Scheiben schneiden.

So geht's noch schneller in der Küche

• Erhitzen Sie das Nudel- oder Reiswasser mit Hilfe eines Wasserkochers – geht viel schneller, als im Topf auf dem Herd und spart Energie.
• Schneiden Sie das Gemüse während Sie Nudeln oder den Reis garen. Nicht zu grobe Stücke schneiden – das verkürzt die Garzeit.
• Beteiligen Sie die Familie am Kochen oder verteilen Sie die Aufgaben und schenken Sie sich in aller Ruhe ein Gläschen Wein ein. Gemeinsam kochen macht noch mehr Spaß und geht noch schneller.

Der Clou: ein Produktionstag

Ein- bis zweimal pro Monat ist ein Produktionstag optimal, an dem Sie ein paar Stunden für Ihren Vorrat kochen. Gehen Sie vorher über den Markt oder in Ihren Lieblings-Supermarkt und kaufen Sie ein, was Ihnen da ins Auge fällt. Am frischesten ist regionale Ware und die schmeckt in der Saison am besten.

In ca. drei Stunden können Sie zum Beispiel größere Portionen Saucen und Vinaigrettes zubereiten. Gemüse, das Sie in den nächsten Tagen brauchen, waschen, putzen und schneiden Sie schon mal. Gesalzen und gezuckert, ab in die Plastikbox, Deckel drauf und in den Kühlschrank. Das schmeckt toll – gedünstet im eigenen Saft, mit etwas Öl oder Butter oder im Salat. Frisch gehackte Kräuter drüber – fertig. Tipp: Salz und Zucker verwende ich immer wieder zum Würzen. Praktisch ist darum eine vorbereitete Mischung aus 2 Teilen Salz und 1 Teil Zucker.

Nebenbei können Sie eine Geflügel- oder Rinderbrühe kochen. Dabei produzieren Sie auch gleich noch das Fleisch für Ihren Vorrat. Wie lange Sie die Vorräte im Kühl- oder Gefrierschrank aufbewahren können, steht jeweils beim Rezept (ab Seite 22).

Tipp

Grillfleisch oder Kurzgebratenes suche ich mir immer beim Metzger meines Vertrauens aus. Der vakuumiert mir das ausgewählte Fleisch in der passenden Zusammenstellung. Z. B. für einen leckeren gemischten Grill feines Steak, dazu saftigen Schweinenacken und aromatisches Lammkotelett.

Wer kann hier nicht kochen?

1. Den Topf verschließen und die gewünschte Temperatur einstellen.
2. Erhitzen und den Druck aufbauen. Wenn die Ringe zu sehen sind, die Hitze soweit reduzieren, dass der Druck erhalten bleibt.
3. Nach Ende der Garzeit abdampfen lassen (s. Gebrauchsanweisung). Wenn kein Dampf mehr austritt, den Topf vorsichtig öffnen.

Ab heute gilt auch die fantasievollste Ausrede nicht mehr. Auch in der kleinsten Hütte beziehungsweise Küche haben alle notwendigen Küchengeräte Platz, mit denen man schnell etwas Anständiges zubereiten kann. Da kommt zwar ein bisschen was zusammen, das lässt sich aber alles platzsparend unterbringen. Die wichtigsten Basics, mit denen Sie sofort loslegen können, sind:

Schnellkochtopf Der ist ein absolutes Blitzküchen-Must. Den setze ich einfach für alles ein, für Beilagen, Gemüse, Fisch oder Fleisch und Sauce. Alles ist in Minuten fertig. Denn mit einem hochwertigen Schnellkochtopf sparen Sie bis zu 70 Prozent der herkömmlichen Garzeit. Das spart natürlich auch Energie. Und die wertvollen Vitamine und Mineralstoffe bleiben bei den Speisen, die im Schnellkochtopf zubereitet werden, besonders gut erhalten. Dampfgaren ist außerdem eine sehr schonende Zubereitungsart für empfindliche Gerichte. Zartes Gemüse und Fisch gelingen im Schnellkochtopf perfekt.

Eine **Küchenwaage,** auf der sich auch zwei oder fünf Gramm ablesen lassen, macht das Leben in der Küche einfacher. Auch wichtig: ein **Messbecher** zum Abmessen von Flüssigkeiten.

Töpfe Am besten ein Topfset besorgen mit drei Größen (5 l, 3 l, 1–2 l). Sandwichboden ist gut, der sorgt für eine gute Wärmeverteilung und verbraucht dadurch weniger Energie. Dazu eventuell noch ein oder zwei Stielkasserolen für kleinere Mengen. Auf wärmeisolierte Griffe achten.

Pfannen Auch hier sind verschiedene Größen sinnvoll. Am besten solche aus Aluguss, beschichtet und mit hohem Rand kaufen, das spart die Fettmenge beim Anbraten und lässt nichts anbrennen. Auch wichtig: ein hitzebeständiger Griff, dann kann man sie auch mal in den Backofen stellen.

Kleine Küchenhelfer Ein Schneebesen zum Rühren von Flüssigkeiten, Kochlöffel, Pfannenwender aus Holz oder Silikon zum Wenden von Fleisch. Eine große Pinzette oder Universalzange zum leichten Greifen und Wenden – die ist bei mir ständig im Einsatz.

Messer Ganz wichtig ist ein kleines Gemüsemesser, ein größeres Kochmesser (auch zum Kräuterschneiden), ein mittleres Ausbeinmesser mit gebogener Klinge, ein Sägemesser zum Brotschneiden. Dazu unbedingt einen guten Wetzstahl besorgen. Ein Sparschäler ist praktisch zum Putzen und Schälen.

Als **Schneidebretter** nehme ich am liebsten die aus Holz. Bei Kunststoffbrettern auf gute Qualität achten, sonst hat man gleich tiefe Schnitt-Rillen drin.

Eine **Rohkostreibe** reibt, raspelt und hobelt Gemüse oder Käse. Praktisch ist eine Vierkantreibe oder auch ein Modell mit V-Messer und austauschbaren Einsätzen für dickere und feine Streifen und Scheiben.

Einen **Durchschlag** und ein **feines Sieb** brauchen Sie für gewaschenes Gemüse und Obst und zum Abgießen von gegarten Nudeln, Reis und Getreide.

Zum Rühren Ein elektrisches Handrührgerät mit Quirlen schlägt locker Suppen und Saucen auf. Zum Backen ist es ohnehin unverzichtbar. Ich benutze auch oft einen Standmixer (z. B. zum Pürieren von Suppen und Saucen), ein Pürierstab tut es aber auch.

Verschließbare **Plastikboxen** sind wichtig für eine geschickte Vorratshaltung.

Eine **Pfeffermühle** mit gutem Keramik-Mahlwerk für schwarzen Pfeffer und eine kleine **Muskatreibe** brauchen Sie zum Würzen.

Mit einer **Salatschleuder** bekommen Sie frische Salatblätter, Kräuter und Blattgemüse in Windeseile gut trocken. So wird die Salatsauce nicht wässrig.

Ein guter Gemüsehobel spart viel Zeit.

Bei Salz- und Pfeffermühlen ist ein gutes Mahlwerk wichtig.

Pfannenwender aus Holz oder Silikon schützen die Beschichtung von Pfannen.

Gemüse – frisch, regional, saisonal

Kochen fängt immer beim Einkaufen an. Bei einer schlauen Vorratshaltung brauchen Sie oft nur ein paar wenige frische Zutaten für jede Menge Kochaktion. Ich koche viel und gerne vegetarisch und immer nach der Saison. Dabei lasse ich mich auch gern durch traditionelle und klassische Rezepte inspirieren. Geschickt kombiniert, kommt da viel Gesundes auf den Teller, macht optisch was her und ist enorm vielfältig im Geschmack.

Achten Sie beim Einkauf vor allem auf frische und unbelastete Ware. Saisonal geerntetes Gemüse aus der Region hat immer den höchsten Nährstoffgehalt und die beste Ökobilanz – denn die Transportwege sind nur kurz. Wenn Sie Bioprodukte oder beim Bauern Ihres Vertrauens einkaufen, vermeiden Sie damit Belastungen durch Pestizide. Trotzdem sollten Sie vor der Verarbeitung Gemüse immer gründlich waschen.

Kartoffeln sind der Gemüse-Allrounder schlechthin. Die Knollen sollten fest und ohne Keime sein, müssen aber nicht unbedingt gewaschen sein. Auf keinen Fall dürfen sie grüne Stellen haben, denn die enthalten das giftige Solanin. Die grünen Stellen entstehen durch zu viel Licht – also Kartoffeln immer schön dunkel und trocken lagern.

Es gibt festkochende (für Salate, Bratkartoffeln, Gratins oder Pellkartoffeln), vorwiegend festkochende, die in jedes Gericht passen und mehlig kochende für Pürees, Suppen oder Knödel.

Wurzel- und Knollengemüse wie Möhren, Sellerie, Rote Bete, Rettich und Radieschen schmecken frisch geerntet am besten, lassen sich aber auch gut auf Vorrat kaufen. Dann kühl lagern.

Typische **Sommergemüse** wie Tomaten, Paprikaschoten, Zucchini, Auberginen oder Gurken sind nur dann richtig gut, wenn Sie genügend Sonne getankt haben. Wer mag, isst sie roh (nur die Auberginen nicht). Ansonsten kann man die Vielseitigen grillen, braten, füllen, schmoren oder kochen. Kaufen Sie sie immer knackig frisch, dann steckt mehr drin. Und dann können Sie Paprika, Zucchini & Co. auch ein paar Tage mariniert im Kühlschrank lagern.

Die anderen Sommerkandidaten sind die **Schotengemüse**. Dazu gehören grüne Bohnen oder Zuckerschoten. Sie schmecken zart und jung am besten. Bohnen immer gegart verzehren. Roh enthalten sie das giftige Phasin.

Bei **Pilzen** gibt es die Auswahl zwischen Zuchtpilzen (Champignons, Kaiserlinge, Austernpilze) oder Wildpilzen (Steinpilze, Pfifferlinge). Nicht zu vergessen die asiatische Fraktion (Shiitake oder Mu-Errh). Exemplare mit Druckstellen vermeiden. Pilze sind sehr empfindlich, daher möglichst frisch kaufen, nicht lagern. Übrigens: Ein Pilzgericht können Sie ohne weiteres wieder aufwärmen, wenn Sie es nach dem Garen schnell abkühlen und dann in den Kühlschrank stellen.

Zwiebeln und Knoblauch bringen jede Menge Geschmack und Duft ins Essen. Zwiebeln gibt es in Braun (scharf), Weiß (mild) oder Rot (fruchtig). Lagern Sie sie dunkel, luftig und trocken. Die frischen Frühlingszwiebeln gehören in den Kühlschrank. Knoblauch muss fest und knackig sein. Wenn er keimt, schmeckt er nicht mehr. In meinen Rezepten verwende ich meist ganze Zehen. Sie werden ungeschält angeschlagen (ich nehme die Faust, es geht aber auch die flache Messerklinge oder ein anderes Instrument) und dann mitgebraten oder -gedünstet. Dann gibt Knoblauch ein feines Aroma ab und schmeckt nicht penetrant.

Blattgemüse wie Spinat kaufe ich auch am liebsten frisch. Beim Winterspinat Wurzeln und Stiele abschneiden. Beim zarten Frühlingsspinat oder Babyspinat dürfen die Stiele dranbleiben. Wenn Spinat nicht wirklich knackfrisch ist, nehmen Sie lieber TK-Blattspinat. Damit funktionieren meine Rezepte auch sehr gut. Spart auch noch mal Zeit.

Kohlgemüse sind perfekt für eine Menge traditioneller Wintergerichte. Lassen Sie sich bloß nicht durch den typischen Kohlgeruch abschrecken! Im Schnellkochtopf bei der richtigen Hitze zubereitet, werden Weiß-, Rot- oder Grünkohl butterweich und duften hervorragend. Toll sind auch Wirsing, der zarte Spitzkohl und Chinakohl. Kurz und bissfest gedünstet sind die geschmacklichen Vielseiter etwas feiner im Aroma und lassen sich mit Kräutern und Gewürzen großartig variieren.

Früchte

Für Früchte gilt dasselbe wie für Gemüse. Suchen Sie sich Ihr Obst am besten der Jahreszeit entsprechend aus. Aus regionalem Anbau und erntefrisch schmeckt es am besten. Aber auch Exoten wie Ananas, Papaya & Co. machen sich gut in Desserts oder Salaten. Sie entwickeln bei Zimmertemperatur ihr volles Aroma.

Übrigens: Die Exoten kommen zwar von weit her, sind aber in Sachen Pflanzenschutzmittel meist rückstandsfrei. Spritzmittel sind in Entwicklungsländern oft zu teuer, weshalb (glücklicherweise) häufig auf Bio-Niveau produziert wird. Bei Zitrusfrüchten sollten Sie jedoch nur zu Bio-Ware greifen und auch die vor der Verarbeitung gut abspülen.

Kräuter und Gewürze

Kräuter verwende ich ausschließlich frisch. Sie sehen schön aus, sind griffig und aromatisch. Es gibt sie im Supermarkt im Töpfchen für die Fensterbank – oft in Bio-Qualität. Wenn Sie einen Garten haben, können Sie sie auch draußen ansäen. Thymian und Salbei sind sogar winterfest. Rosmarin besser in einen großen Topf pflanzen und im Winter rein holen. **Für alle Selber-Ernter haben wir die Kräutermengen in Stängeln oder Zweigen angegeben. Damit sie wissen, wie viel Sie abpflücken müssen.** Natürlich können Sie Kräuter auch im Bund kaufen. Eingewickelt in ein feuchtes Küchenpapier oder verschlossen in einem Plastikbehälter halten Sie sich im Kühlschrank ein paar Tage frisch.

Meine Gewürz-Favoriten

Chilischoten bieten etwas fürs Auge und die Geschmacksknospen – egal welche Sorte, ob frisch oder getrocknet. Chiliflocken haben eine angenehme Schärfe. Dosieren Sie Chilimengen nach Geschmack.
Pfeffer muss für mich schwarz und aus der Mühle sein. Aus **Salz** müssen Sie kein philosophisches Problem machen, auch wenn es heute die verschiedensten Sorten gibt. Ein einfaches Meersalz tut es.
Zucker, ja, den brauchen wir unbedingt (Tipp Seite 10). Er unterstreicht den Eigengeschmack – ganz besonders bei Gemüse.
Klassische Suppengewürze sind Muskatnuss, Piment, Wacholder, ganze Pfefferkörner, Fenchelsamen, Lorbeerblätter, Gewürznelken und Senfkörner – sie sollten in keiner Küche fehlen.
Paprikapulver und **Currypulver** geben eine schöne Schärfe. Letzteres ist in der indischen und asiatischen Küche unverzichtbar.
Vadouvan Die französische Feinschmeckervariante der südindischen Gewürzmischung Vadagam. Sie ist so sensationell, dass sie so manches langweilige Gericht vor dem kümmerlichen Dahinsiechen retten kann (über www.bosfood.de; siehe auch Seite 31).

1. Frische Kräuter im Bund gekauft halten sich gewaschen und in feuchtes Küchenpapier gepackt einige Tage im Kühlschrank.
2. Basilikumtöpfe zu Hause nicht gleich auspacken, sondern mit Hülle ein paar Stunden stehen lassen. Dann sind die Stängel stabiler und kippen nicht gleich um.
3. Probieren sie aus, welche Kräuter und Gewürze Ihnen besonders gut schmecken. Die Angaben in meinen Rezepten sind Vorschläge und können von Ihnen gern variiert werden.

Fisch

Nachhaltigkeit ist es!

Viel Eiweiß, gesunde Omega-3-Fettsäuren und guter Geschmack: Fisch liegt im Trend, der Verbrauch steigt beständig. Bei mir kommt Fisch gelegentlich auf den Tisch, denn mittlerweile sind etwa drei Viertel der kommerziell genutzten Fischbestände überfischt. Hilfreich beim Einkauf ist das Zeichen des »Marine Stewardship Council (MSC)«. Es wurde 1997 von der Umweltschutzorganisation WWF (World Wide Fund For Nature) und dem Lebensmittelkonzern Unilever gegründet und steht für Fische aus nachhaltigem Fang. Der WWF bietet im Internet seit kurzem einen Einkaufsführer für Fisch an (www.wwf.de/fisch). Das ASC-Siegel (Aquaculture Stewardship Council) steht dagegen für hohe Umwelt- und Sozialstandards bei der Fischzucht. Bei Ökofisch gelten noch strengere Anforderungen an Platz, Futter und Umweltbedingungen. Er trägt zum Beispiel das Naturland-Siegel.

Eine gute Wahl

Als durchaus annehmbar gelten laut WWF Alaska Seelachs (Pazifik), Alaska-Wildlachs (Pazifik), Bio-Lachs (Nordostatlantik), Eismeergarnele/Kaltwassershrimp (Nordostatlantik), Forelle (Europa), Heilbutt (Pazifik), Hering (Nordostatlantik/Ostsee), Sardine (Nordostatlantik), Seehecht (Südafrika), Seelachs (Nordostatlantik) oder Sprotte (Nordostatlantik/Ostsee). Greenpeace empfiehlt auch Karpfen, neben der Forelle einer der wichtigsten Teichfische in Deutschland, Seelachs sowie Pangasius aus Ökokultur.

Fisch und Meeresfrüchte schmecken frisch, aber auch aus der Kühltruhe. Fisch gibt es filetiert, im Ganzen oder in Stücken beim Fischhändler auf dem Markt oder auch im gut sortierten Supermarkt. Und: Wo es Seen und Flüsse gibt, da gibt es auch immer frischen Fisch. Regionale Fischzüchter finden Sie unter www.adressennet.de/Fischzucht.

Tipp

Oft landen in den Netzen und dann auch in der Tiefkühltruhe im Supermarkt Fische, die noch zu jung sind. Auch das gefährdet die Bestände, denn diese Fische konnten sich noch nicht fortpflanzen. Damit Sie beim Einkauf erkennen können, ob die Fische ausgewachsen sind, gibt es bei der Verbraucherzentrale Hamburg ein sogenanntes Fisch-O-Meter (www.fisch-o-meter.de). Es zeigt die Größen von 14 Speisefischen aus Nord- und Ostsee nach Erreichen der Geschlechtsreife. Die Maße gelten für ganze Fische, aber auch für Fische ohne Kopf und Filets. So können Sie gezielt den Kauf von Babyfischen verhindern.

Fleisch – von glücklichen Tieren

Kennen Sie Ihren Metzger am Ort oder um die Ecke? Haben Sie sich schon mal mit ihm unterhalten? Dann wird es aber echt Zeit! Wenn Sie ein richtig gutes Stück Fleisch auf dem Teller haben wollen, dann fragen Sie die Fachfrau oder den Fachmann und kaufen Sie nicht blind irgendwelche verschweißte Ware, die vielleicht auch noch unter einer Marinade erstickt wurde. Erkundigen Sie sich, woher die Tiere kommen, die Ihrem Metzger das Fleisch in seiner Theke liefern. Fragen Sie, wie die Tiere gehalten wurden, was sie zu fressen bekamen, ob sie lange genug wachsen durften bis zum Schlachten und wie lange der Rinderbraten, den Sie sich heute machen wollen, gereift ist.

Denn so viel ist schon klar: Nur Fleisch von Tieren aus artgerechter Haltung schmeckt wirklich nach etwas. Schweine, Rinder und Hähnchen aus Massentierhaltung stecken so voller Medikamente und Stresshormone, dass ihr Fleisch den Namen eigentlich nicht mehr verdient. Natürlich muss jeder selbst entscheiden, was er isst, mir jedenfalls ist eine Herzensangelegenheit nur Fleisch von artgerecht gehaltenen Tieren zu essen!

Die Klassiker

Rindfleisch sollte immer gut abgehangen sein (Jungbullen 5–6 Wochen, Färsen 3–4 Wochen). Das erkennen Sie an der mittel- bis dunkelroten Farbe. Es wird besonders zart, wenn es von feinen Fettadern durchzogen, also marmoriert ist. Die verschiedenen Stücke aus Filet oder Lende, der Rinderhüfte, der Ober- und Unterschale oder der Schulter lassen sich braten, grillen, kochen oder schmoren. Verwenden Sie auch mal die weniger »edlen« Teile wie Schaufelbug, Bauchlappen oder Nierenzapfen. Die schmecken so richtig kräftig.

Schweinefleisch sollte hellrot – nicht blassrosa – sein, feinfaserig, zart und leicht mit Fett durchwachsen. Es sollte mindestens zwei Tage abhängen. So hat es bei der Zubereitung am geringsten Flüssigkeitsverlust. Filet, Keule, Koteletts oder Nacken sind toll zum Braten, Grillen oder Schmoren. Versuchen Sie auch mal Bauchfleisch als Krustenbraten oder geschmort im Sauerkraut oder Grünkohl. Auch lecker: langsam geschmorte Bäckchen.

Lammfleisch ist so beliebt, weil Lämmer meist im Freien auf der Weide aufwachsen und dabei eine gute Muskulatur entwickeln. Das Fleisch sollte dunkelrosa bis rot und leicht marmoriert sein. Rücken, Keule, Nacken oder Schulter sind ideal für Braten, als Gulasch, für Spieße, Ragouts oder kräftige Suppen.

Geflügel – ein Herz für Hühner

Was für Ochsen, Schweine und Lämmer gilt, gilt für Geflügel umso mehr. Hier hat die industrielle Massentierhaltung absurde Blüten getrieben. Ich greife bei Hähnchen nicht unbedingt zur Bioware, aber immer zu Freilandhähnchen. Wichtig ist, dass die Tiere ausreichend Auslauf haben und sich auch mal etwas zum Fressen aus dem Boden scharren können. Das kann Ihnen aber alles der Metzger Ihres Vertrauens erzählen, der demnächst, wenn Sie so weitermachen, zu Ihren besten Kumpels zählt. Ich

kaufe nie Kleinteile vom Hahn oder Huhn, sondern immer ganze Tiere und verarbeite diese auch ganz. Dazu löse ich Brust und Keulen aus (Seite 28) und verarbeite den ganzen Rest mitsamt Knochen, Flügeln und Keulen zu einer aromatischen Brühe, die eine großartige Suppen- oder Saucengrundlage darstellt.

Mein Lieblingsgeflügel

Suppenhuhn Das Fleisch von Legehennen ist relativ fett und unentbehrlich für die perfekte Hühnersuppe. In den Tieren steckt viel Kraft. Das Verkaufsgewicht liegt bei 1200 bis 2000 g.

Hähnchen Wenn sie zwischen 700 und 1200 Gramm wiegen, sind es Hähnchen. Sind sie schwerer heißen sie Poularde. Sie schmecken im Ganzen als Brat- oder Grillhähnchen oder zerkleinert. Dann gibt es entweder Schenkel oder die Brustfilets. Rezepte mit Geflügel finden Sie ab Seite 100.

Pute Auch bei Putenfleisch unbedingt auf artgerechte Tierhaltung oder Bio-Qualität achten. Ich habe für meine Rezepte Putensteaks verwendet, kein Putenschnitzel. Das Filet wird aus dem kleinen Brustmuskel geschnitten. Dadurch gibt es keine sehr großen Stücke, wie beim Schnitzel. Dafür darf jedes Stück etwas dicker sein. So bleibt es bei der Zubereitung schön saftig.

Ei mit Qualität

Bei Eiern greife selbst ich ausschließlich zu Bio (auf dem Stempel der Schale steht dann eine »0«). Sie schmecken intensiv nach Ei und haben eine natürliche Farbe ohne Zusatz von Farbstoffen. Die kosten zwar doppelt so viel wie Eier aus konventioneller Freilandhaltung, aber so ist es mit allen Lebensmitteln, die qualitativ hochwertig sind. Ob weiß oder braun ist egal und genetisch bedingt. Lagern Sie frische Eier immer im Karton oder im Eierfach des Kühlschranks, um sie vor Gerüchen zu schützen. Und: Verwenden Sie sie so frisch wie möglich.

BASICS

Wenn Sie mit diesen selbstgemachten
Vorräten Ihren Kühl- und Gefrierschrank
bestücken, können Sie jederzeit etwas
richtig Gutes auf den Tisch bringen.

Kräuter-Vinaigrette

mit scharfem Senf

Schüssel, Schneebesen, Schneidbrett, Messer, Trichter, Flasche

Für ca. 700 ml
1 EL scharfer Senf
⅛ l Essig
1 TL Salz
½ TL Zucker
Pfeffer
¼ l Rapsöl
je 1 kleiner Bund Kerbel, Petersilie, Basilikum und Schnittlauch
3 Schalotten

Zubereitung 25 Min.
Pro 100 ml 335 kcal

1. Senf, Essig, Salz und Zucker und ⅛ l Wasser in einer Schüssel verrühren. Das Öl in feinem Strahl dazugießen und mit dem Schneebesen unterschlagen.

2. Die Kräuter waschen, trockentupfen, fein hacken, Schnittlauch in feine Röllchen schneiden. Die Schalotten schälen und fein hacken. Tipp: Verwenden Sie Kräuter nach Geschmack und Saison. Probieren Sie ruhig immer wieder neue Mischungen aus.

3. Schalotten und Kräuter unterrühren, die Vinaigrette mit Pfeffer abschmecken.

4. Das Dressing mit einem Trichter in eine saubere evtl. sterilisierte Flasche füllen (Tipp Seite 24).

5. Haltbarkeit im Kühlschrank etwa 1 Woche.

Variante **Gebundene Kräuter-Vinaigrette (Hausdressing)**

100 g Zwiebeln schälen und würfeln. 100 g gekochte Kartoffeln schälen und würfeln. 100 g frische Blattkräuter (z. B. Kerbel, Dill, Petersilie, Basilikum, Schnittlauch) und 100 g Rucola waschen, trockenschleudern und grob zerschneiden. Alles zusammen mit ½ l Essig, ½ l Wasser, Salz, Pfeffer, etwas Zucker und 1 EL scharfem Senf in einem Standmixer fein pürieren. Dann ½ l Rapsöl in feinem Strahl dazugießen und weitermixen. Die Vinaigrette durch ein feines Sieb streichen und in Flaschen füllen. Haltbarkeit in Kühlschrank etwa 2 Wochen

Variante **Joghurt-Vinaigrette**

500 g Joghurt mit 50–100 ml Wasser glatt rühren. Mit Salz, Pfeffer und etwas Zucker, 1 EL scharfem Senf und 80 ml Olivenöl verrühren. 2 Bio-Zitronen waschen, abtrocknen, die Schale abreiben, den Saft 1 Zitrone auspressen, beides zur Vinaigrette geben. Je 3–4 EL Schnittlauch und Dill fein geschnitten unter die Salatsauce rühren. In eine saubere, evtl. sterilisierte Flasche füllen. Haltbarkeit im Kühlschrank etwa 1 Woche.

Tomatensauce

Für 1,5 l

1 kg Tomaten
1–2 Chilischoten
1 l passierte Tomaten
1 EL Salz
1 EL Zucker
⅛ l Olivenöl

Zubereitung 30–45 Min.

Für 100 ml ca. 105 kcal

1. Die Tomaten waschen, halbieren, Kerne und Stielansatz entfernen. Das Fruchtfleisch grob klein schneiden und in einen großen Topf geben. Die Chilischoten waschen, in feine Ringe schneiden, dabei den Stielansatz entfernen.

2. Chili und die passierten Tomaten zu den rohen Tomaten in den Topf geben und mit Salz und Zucker würzen. Die Tomaten aufkochen und bei mittlerer Hitze um etwa ⅓ einkochen. Das Olivenöl unterrühren und alles noch einmal aufkochen.

3. Die Tomatensauce in sterilisierte Flaschen abfüllen und sofort verschließen.

Tipp

Am besten im Sommer wenn die Tomaten voll reif sind, die Sauce für das ganze Jahr produzieren. Sie ist auch ohne Kühlung problemlos haltbar, muss aber heiß in sterilisierte Flaschen oder Einmachgläser abgefüllt werden.

Dafür werden Gläser oder Flaschen gründlich mit heißem Wasser und Spülmittel (oder in der Spülmaschine) gewaschen. Danach stellen Sie die Gläser für 10 Min. in den auf 100° vorgeheizten Backofen zum Sterilisieren. Die Sauce dann in die heißen Gläser füllen und sofort verschließen.

Teriyaki-Sauce »under-fränken«

Für ca. 300 ml

4 Chilischoten
4 Knoblauchzehen
1 kleiner Bund Koriander
40 ml Weißweinessig
125 ml Austernsauce
125 ml helle Sojasauce
1 EL Zucker
2 EL geröstetes Sesamöl

Zubereitung 15 Min.
Für 50 ml ca. 100 kcal

1. Die Chilischoten, waschen, Stielansatz und Kerne entfernen und fein hacken. Knoblauchzehen schälen und fein hacken, Koriander abbrausen, trockentupfen und die Blättchen abzupfen.

2. Alles zusammen mit Essig, Austernsauce, Sojasauce und etwas Zucker im Standmixer fein pürieren.

3. Das Sesamöl in feinem Strahl dazugießen, dabei weitermixen. Die Sauce durch ein feines Sieb in eine saubere Flasche füllen. Im Kühlschrank etwa 2 Wochen haltbar.

Kräuterbutter für ewig und drei Doch

Für 500 g

5 Zweige Thymian
5 Stängel Basilikum
5 Stängel Petersilie
5 Zweige Rosmarin
½ Knolle Knoblauch
500 g Butter
5 Lorbeerblätter

Zubereitung 30 Min.
Pro 20 g-Portion 150 kcal

1. Thymian, Basilikum, Petersilie und Rosmarin abbrausen und gut trockentupfen. Die Zehen der Knoblauchknolle ablösen. Die Zehen mit der Faust oder der flachen Messerklinge anschlagen.

2. Die Butter in einem großen Topf schmelzen lassen. Die frischen Kräuter, Lorbeerblätter und Knoblauch dazugeben und in der Butter aufkochen. 1 Min. kochen lassen und vom Herd nehmen.

3. Die lauwarm abgekühlte Buttermischung durch ein Sieb passieren. Ein Backblech mit Klarsichtfolie auslegen. Die Butter darauf gießen. Das Blech in das Tiefkühlgerät stellen.

4. Die gefrorene Butterplatte in kleine Täfelchen schneiden und in einem verschließbaren Gefäß wieder einfrieren. Die Kräuterbutter eignet sich für Fleisch, Fisch, Geflügel, zum Braten, Kochen und Grillen.

Gemüse marinieren

Für 1 kg Gemüse

1300 g Gemüse
(z. B. Möhren,
Kohlrabi, Stauden-
sellerie, Zucchini,
Paprika …)

2 TL Salz

1 TL Zucker

**Zubereitung
15 Min.**

Für 200 g
ca. 50 kcal

1. Die Gemüse waschen, schälen, putzen und in mundgerechte Stücke schneiden. Dann gemischt oder nach Sorten getrennt in einer verschließbaren Vorratsdose mit Salz und Zucker gut vermengen.

2. In dem fest verschlossen Gefäß in den Kühlschrank stellen. Das Gemüse kann nach 5–10 Min., sobald sich etwas Gemüsesud gebildet hat, verwendet werden. Es ist aber auch bis zu 5 Tage im Kühlschrank haltbar.

Tipp

Es eignen sich fast alle Gemüse, bis auf die sehr wasserhaltigen (z. B. Tomaten). Brokkoli- und Blumenkohlröschen müssen möglichst in Scheiben geschnitten werden, damit sie eine große Oberfläche haben, die mit den Gewürzen in Berührung kommt. Bohnen werden schräg in Scheiben geschnitten.

Nudel, Reis, Kartoffeln

Für alle, die die Woche im Voraus planen, macht es Sinn, die benötigten Mengen Nudeln, Reis oder Kartoffeln vorzukochen.

Nudeln

Kochen Sie die Nudeln in reichlich Salzwasser mit einem Stück Ingwer oder einer Chilischote 1 Min. kürzer als auf der Packung angegeben. Die Nudeln abgießen, 1 l Wasser auffangen (s. Tipp). Die Nudeln nicht abschrecken, auf einem Blech ausbreiten und abkühlen lassen. Dann mit etwas Raps- oder Sonnenblumenöl (kein Olivenöl) mischen. In einer fest verschließbaren Box im Kühlschrank aufbewahren. Haltbarkeit im Kühlschrank 1 Woche.

Tipps

• Durch den Ingwer oder Wahlweise Chili wird die Oberfläche der Nudel aufgeraut und die Sauce haftet später besser an den Nudeln.

• Die Nudeln möglichst im Nudelwasser wieder erwärmen. Ca. ¼ l Nudelwasser und 600 g gekochte Nudeln in einem Topf langsam erhitzen. Dann verwenden, wie im Rezept angegeben.

• Zum Aufbewahren der Nudeln kein Olivenöl verwenden, da die Säure des Öls die Stärke in den Nudeln zersetzt.

Reis

Den Reis in der gewünschten Menge in einen Topf füllen und soviel Wasser dazu gießen, dass es 1 cm über dem Reis steht. Aufkochen lassen und bei ganz niedriger Temperatur ca. 20 Min. ausquellen lassen. Der Reis sollte ebenfalls nicht zu weich sein. Er hält sich in einer verschlossenen Box im Kühlschrank 1 Woche. Der Reis kann im Dämpfeinsatz über Wasserdampf erwärmt werden.

Kartoffeln

Kartoffeln in der Schale ca. 20 Min. in wenig Wasser garen (geht auch gut im Dämpfeinsatz). Sie können 1–2 Tage aufbewahrt werden.

Schnelle Beilagen ohne Vorkochen

• Greifen Sie auf halbfertige Produkte aus dem Kühlregal zurück wie frische Pasta, Gnocchi und Maultaschen. Diese Lebensmittel kommen oft ohne Zusatz von Konservierungsmitteln aus und sind in guter Qualität zu kaufen.

• Reis, Weizen und Dinkel gibt es auch in der Schnellkoch-Variante. Die Garzeit ist dann meistens nicht länger als 10 Minuten.

• Hirse, Couscous oder Bulgur haben sowieso eine geringe Quellzeit.

Huhn zerlegen

1.+ 2. Ein frisches Hühnchen auf die Arbeitsfläche mit dem Hals nach oben legen. Eine Keule langziehen, so dass sich die Haut zwischen Schenkel und Brust strafft. Die Haut leicht einschneiden, den Körper gut fest halten und dann unten an der Fleischseite entlang schneiden, bis dich das Fleisch der Keule löst. Die zweite Keule ebenso ablösen.

3. Anschließen die Flügel straff ziehen, einen festhalten und am Gelenk ganz nah am Körper einmal rundherum schneiden. Dann das Fleisch nach vorne abziehen. Auf der anderen Seite genauso verfahren.

4. Das Hühnchen umdrehen und beidseitig am Brustbein einschneiden. Mit dem Messer am Knochen entlang fahren und das Brustfleisch entlang des Körpers abschneiden.

5. Die Keulen, Oberschenkel und Bruststücke werden wie in den Rezepten angegeben verwendet. Aus Haut, Knochen und den restlichen Fleischstücken kochen Sie, wie im Rezept rechts angegeben, eine Brühe.

Geflügelbrühe

1 sehr großer Suppentopf (ca. 10 l), Messer, Schneidbrett, Sieb

Für etwa 5 l Brühe
200 g Möhren
200 g Tomaten
200 g Staudensellerie
200 g Lauch
400 g Zwiebeln
300 g Knollensellerie
10 Stängel Petersilie
2 kg Suppenhuhn
5 Lorbeerblätter
etwas geriebene Muskatnuss
und Muskatblüte
1 EL schwarze Pfefferkörner
3 EL Salz
10 Wacholderbeeren
2 TL Fenchelsaat

Vorbereitungszeit 20 Min.
Kochzeit 2 Std.
Pro Liter ca. 90 kcal

1. Möhren, Tomaten, Staudensellerie und Lauch waschen, putzen und grob zerschneiden. Zwiebeln und Knollensellerie schälen und ebenfalls in große Stücke schneiden. Petersilie abbrausen. Alles in einen großen Topf füllen.

2. Das Suppenhuhn innen und außen waschen und ebenfalls in den Topf legen. Alle Gewürze dazugeben, mit 6 l Wasser auffüllen und alles 2 Std. leicht köcheln lassen.

3. Dann das Suppenhuhn herausnehmen, das Fleisch vom Knochen lösen und beiseite stellen. Knochen und Haut in die Suppe geben und weitere 30 Min. darin ziehen lassen.

4. Die Suppe durch ein Sieb in eine große Schüssel gießen die Zutaten leicht ausdrücken. Die Brühe abkühlen lassen, evtl. Fett abschöpfen. Dann in 1-Liter-Portionen einfrieren.

Gezupftes Suppenhuhn

Das Hühnerfleisch von den Knochen lösen und in feine Stücke zupfen. In etwa 250-g-Portionen einfrieren. Das Fleisch wird in vielen Rezepten des Buches verwendet. Brühe und Fleisch sind gefroren ca. 3 Monate haltbar.

Tipp Große Suppenhühner mit 2 kg Gewicht sind nicht immer zu bekommen. Gute Chancen haben Sie auf Bauern- oder Bio-Märkten. Wenn es nur kleinere gibt, nehmen Sie einfach zwei.

Rinderbrühe

1 sehr großer Suppentopf (ca. 10 l), Messer, Schneidbrett, Sieb

Für etwa 5 l Brühe

200 g Möhren

200 g Tomaten

200 g Staudensellerie

200 g Lauch

400 g Zwiebeln

300 g Knollensellerie

2 kg Suppenfleisch vom Rind
(z. B. Schaufelbug, Hochrippe,
Querrippe, Rinderbrust)

1 kleiner Bund Petersilie

5 Lorbeerblätter

etwas geriebene Muskatnuss
und Muskatblüte

30 g Pfefferkörner

3 EL Salz

10 Wacholderbeeren

1 TL Fenchelsaat

1 TL Vadouvan (nach Belieben)

Vorbereitungszeit 15 Min.

Kochzeit 3 Std.

Pro Liter ca. 90 kcal

1. Möhren, Tomaten, Staudensellerie und Lauch waschen, putzen und grob zerschneiden. Zwiebeln und Knollensellerie schälen und ebenfalls in große Stücke schneiden. Das Suppenfleisch und die Petersilie kurz abbrausen.

2. Alles in einen großen Topf geben. Mit 6 l Wasser auffüllen, die Gewürze dazugeben und alles etwa 3 Std. leicht köcheln lassen.

3. Das Suppenfleisch herausnehmen und beiseite stellen. Die Suppe durch ein Sieb in eine große Schüssel gießen, die Zutaten leicht ausdrücken. Die Brühe etwas abkühlen lassen. In 1-Liter-Portionen abfüllen und einfrieren.

Gekochtes Rindfleisch

Das gekochte, abgekühlte Rindfleisch in Scheiben schneiden. In 400-g-Portionen in Gefrierbeutel oder Vorratsdosen verpacken und einfrieren. Brühe und Fleisch sind gefroren ca. 3 Monate haltbar.

Tipp

Vadouvan ist eine französisch-indische Gewürzmischung, die ich liebe. Sie besteht aus Zwiebeln, Knoblauch, Lauch, Senfsamen, Bockshornklee, Kümmel und noch viel mehr. In kleinen Mengen mit Suppenhuhn oder Rindfleisch mitgekocht, macht es die Brühe noch besser und intensiver (Seite 16).

SALATE und GEMÜSE

»Nur ein Salat« kann man hier nicht sagen –
mit gebratenem Brot, Couscous oder Omelette
ergänzt sind sie – wie die Gemüsegerichte –
so richtig zum Sattessen.

Ciabatta

mit Backpflaume, Tomate und Mozzarella

Pfanne, Messer,
Schneidbrett

Für 2 Personen
20 g Pinienkerne
200 g Tomaten
5 Stängel Basilikum
50 g Backpflaumen ohne Kerne
1 Chilischote
3 EL Olivenöl
6 Scheiben Ciabatta
Salz, Zucker
200 g Mozzarella

Zubereitung 20 Min.
Pro Portion ca. 665 kcal

1. Die Pinienkerne in der Pfanne ohne Fett goldbraun rösten. Inzwischen die Tomaten waschen und in große Würfel schneiden, dabei die Stielansätze entfernen. Das Basilikum abbrausen und die Hälfte der Blätter grob zerschneiden. Die Backpflaumen halbieren. Die Chilischote waschen, putzen, sehr fein würfeln.

2. Die Pinienkerne aus der Pfanne herausnehmen und beiseite stellen. Das Olivenöl in der Pfanne erhitzen und die Ciabatta-Scheiben auf beiden Seiten goldgelb anbraten.

3. Das Brot aus der Pfanne nehmen und die Tomaten mit Backpflaumen, Chili, Salz und etwas Zucker hinein geben. Bei mittlerer Hitze ca. 2 Min. anbraten. Dann etwas Wasser und das geschnittene Basilikum dazugeben und unterrühren.

4. Den Mozzarella in Scheiben schneiden und auf das Brot legen, die Tomaten-Backpflaumen-Mischung darauf verteilen. Mit den restlichen Basilikumblättern und den Pinienkernen bestreuen.

 Tipp

Es wird ja immer gesagt: **Basilikum** niemals mitgaren. Ich mache das trotzdem bei einigen Rezepten. Der Grund: Das starke Aroma des Krauts fügt sich dann harmonischer in das Gericht ein. Wenn Basilikum nur oben drauf gestreut wird, sind die ätherischen Öle oft sehr dominant. Allerdings soll es auch nicht ewig mitgekocht werden. Kurz vor Ende der Garzeit untergerührt schmeckt es mir am besten.

Bohnensalat
auf Omelette

Schnellkochtopf, 1 große oder 2 kleine Pfannen, hoher Mixbecher, Pürierstab, Schüssel

Für 2 Personen
300 g grüne Bohnen
100 g Zucchini
100 g Möhren
Salz, Pfeffer, Zucker
4 Eier
100 g Tomaten (Dose; abgetropft)
1 EL Crème fraîche
1 getrocknete Chilischote
20 ml Pflanzenöl
2 Stängel Liebstöckel
5 Stängel Petersilie
10 Stängel Schnittlauch
3 EL Aceto balsamico

Zubereitung 30 Min.
Pro Portion ca. 380 kcal

1. Die Bohnen waschen und putzen, in den Schnellkochtopf geben. Den Zucchino halbieren, in dicke Scheiben schneiden. Die Möhre schälen und der Länge nach vierteln, beides in den Topf geben. Das Gemüse salzen, zuckern und gut vermengen und 2–3 EL Wasser dazu geben (der Boden des Topfes muss bedeckt sein). Den Topf verschließen und auf höchste Stufe erhitzen. Wenn der Druck aufgebaut ist, die Hitze reduzieren und ca. 1 ½ Min. kochen lassen.

2. Die Eier aufschlagen und in einen hohen Mixbecher geben. Die Tomaten, Crème fraîche, die Chilischote und Salz und Pfeffer dazu geben. Mit dem Pürierstab fein pürieren.

3. Den Schnellkochtopf vom Herd nehmen, abdampfen lassen und öffnen. In der Pfanne (oder in 2 kleinen Pfannen) das Pflanzenöl leicht erhitzen und die Eiermischung ca. 1 cm hoch hinein füllen, Deckel auflegen und die Omeletts stocken lassen. Nebenbei die Kräuter abbrausen und fein schneiden.

4. Das Gemüse abgießen, in einer Schüssel mit Salz, Pfeffer und Aceto balsamico würzen. Die Kräuter untermischen. Auf den Omelettes servieren.

Tipp

Je nach Saison und Geschmack können Sie für den Salat ganz unterschiedliche Gemüse nehmen:

• Frühlingszwiebeln, Zuckerschoten und grünen Spargel, gewürzt mit weißem Aceto balsamico, Kerbel und Petersilie.

• Die Avocado-Melonen-Mischung für die Armen Ritter (Seite 41) schmeckt auch zum Omelett sehr gut.

• Staudensellerie in dünnen Scheiben mit Apfelstückchen, Frühlingszwiebeln und Kürbiskernen.

Mango-Orangen-Salat
mit Couscous

Sparschäler, Topf, Salat-
schleuder, Messer,
Schneidbrett, Gemüsehobel

Für 4 Personen
2 Möhren
2 Stängel Koriandergrün
4 EL Olivenöl
200 g Couscous
Salz, Pfeffer, Zucker
1 TL Ras el Hanout
1 Romanasalat
1 Mango
80 ml Joghurt-Vinaigrette
(Seite 23)
2 Bio-Orangen
½ l Geflügelbrühe (Seite 29)

Zubereitung 20 Min.
Pro Portion ca. 375 kcal

1. Die Möhren schälen und in dünne Scheiben hobeln. Koriander abbrausen, Blättchen abzupfen. Olivenöl in einen Topf geben, Couscous dazugeben, mit Salz, Pfeffer, Zucker und Ras el Hanout würzen. Möhren und Koriander zum Couscous geben und alles im Topf anschwitzen.

2. Inzwischen den Salat waschen, trockenschleudern und der Länge nach in feine Streifen schneiden. Leicht salzen und pfeffern und auf 4 Teller verteilen. Die Mango schälen und in Spalten vom Kern schneiden. Auf einer Platte auffächern und mit Joghurt-Vinaigrette beträufeln.

3. Eine Bio-Orange waschen, ¼ der Schale abreiben und zum Couscous geben. Beide Orangen bis aufs Fruchtfleisch schälen, den Saft dabei auffangen. Die Filets zwischen den Häuten herausschneiden. Den Rest der Orangen kräftig über dem Couscous ausdrücken, den aufgefangenen Saft dazugeben. Den Couscous mit Geflügelbrühe ablöschen und kurz aufkochen lassen. Dann vom Herd nehmen und zugedeckt ca. 5 Min. ziehen lassen.

4. Die Mango- und Orangenfilets auf den Salatstreifen anrichten und mit der restlichen Joghurt-Vinaigrette beträufeln. Den Couscous obendrauf setzen und mit Koriander dekorieren.

Dazu passt gebratene Hähnchenbrust

In einer großen Pfanne Pflanzenöl erhitzen. 4 Hähnchenbrustfilets salzen und pfeffern, von beiden Seiten goldbraun anbraten. Nach ca. 4 Min. die Hitze reduzieren, 20 kleine grüne Jalapeños-Paprika dazulegen und etwa 10 Min. mitbraten. Zwischendurch das Fleisch einmal wenden.

Info **Ras el Hanout** ist eine marokkanische Gewürzmischung, die aus bis zu 20 Einzelgewürzen besteht. Daher ist sie je nach Hersteller in unterschiedlichen Varianten erhältlich. Zu den Basiszutaten, wie Pfefferkörner, Zimtstangen, Kardamom, Chilischoten, Kurkuma oder Pimentkörner kommen oft weitere, wie Rosenblätter, Kreuzkümmel oder Safran.

Armer Avocado-Melonen-Ritter

Tiefer Teller, Muskatreibe, Schneebesen, Messer, Schneidbrett, 2 mittelgroße Schüsseln, Pfanne, Parmesanreibe

Für 2 Personen
1 Ei
50 ml Milch
Salz, Pfeffer
Muskatnuss
4 große Scheiben Ciabatta
1 EL Butter
2 EL Pflanzenöl
1 große Avocado
200 g Wassermelone (ohne Schale gewogen)
50 g Fetakäse
je 3 Stängel Petersilie und Minze
30 g geriebenen Parmesan
1 EL Cornflakes

Zubereitung 15 Min.
Pro Portion ca. 780 kcal

1. Das Ei in einem tiefen Teller mit Milch, Salz, einer Prise Pfeffer und etwas frisch geriebener Muskatnuss mit einem Schneebesen gut verrühren. Die Brotscheiben für ca. 2 Min. in die Eiermilch einlegen (die Eiermischung heißt bei den Kochprofis Royal). Damit sich die Brotscheiben gut vollsaugen, nach 1 Min. wenden

2. Butter und Pflanzenöl in der Pfanne erhitzen, bis die Butter zerläuft. Das Brot in die Pfanne geben und pro Seite bei mittlerer Hitze knapp 3 Min. braten.

3. Inzwischen die Avocado halbieren, den Kern entfernen. Das Fruchtfleisch aus der Schale löffeln und in grobe Würfel schneiden. Die Melone ebenfalls würfeln, beides in einer Schüssel mischen, den Fetakäse dazu bröseln.

4. Petersilie und Minze abbrausen, die Blätter klein schneiden und zur Avocado-Melonen-Mischung geben. Mit Salz, Pfeffer und einer Prise Zucker würzen.

5. Nun die Pfanne vom Herd nehmen. Den Parmesan über die Avocado-Melonen-Mischung reiben, die Cornflakes untermischen und auf die Brote verteilen.

Variante

Gratiniert schmecken die Armen Ritter auch sehr gut. Dafür den Backofengrill auf 220° vorheizen, die Pfanne (mit hitzebeständigem Griff) mit den fertigen Broten hineinstellen und 6 Min. überbacken.

Tipp

Avocados sind Früchte mit einem sehr hohen Fettgehalt (bis 30 %). Sie schmecken nur, wenn sie reif sind, und werden gern als Brotaufstrich, im Salat oder zu Garnelen- und Geflügelgerichten verwendet. Die Sorte »Hass« mit ihrem cremigen Fruchtfleisch schmeckt mir am besten. Ihre runzelige dicke Schale wird schwarz, wenn sie reif wird. Avocados werden oft unreif angeboten. Sie reifen aber in Zeitungspapier eingepackt oder neben Äpfeln schnell nach.

Gebratene Melone
auf Endiviensalat

Pfanne, Topf, feine Reibe, Salatschleuder

Für 2 Personen

½ Charentais-Melone (Ersatz: Cantaloupe- oder Netzmelone)

3 Stängel Koriander

2 EL Pflanzenöl

Salz, Pfeffer, Zucker

15 g Ingwer

1 EL Honig

100 g Eismeershrimps (TK; aufgetaut)

100 g grüner Spargel (s. Tipp)

1 Bio-Limette

¼ Endiviensalat

80 ml Kräuter-Vinaigrette (Seite 23)

Zubereitung 30 Min.

Pro Portion ca. 245 kcal

1. Aus der ½ Melone mit einem Löffel die Kerne herauskratzen. Die Melone in 4–6 Spalten schneiden und schälen. Den Koriander abbrausen, Blättchen klein schneiden.

2. Pflanzenöl in der Pfanne erhitzen und die Melonenspalten bei starker Hitze auf beiden Seiten kurz anbraten. Die Hitze reduzieren, die Melone leicht salzen, zuckern und pfeffern. Den Ingwer schälen, direkt in die Pfanne reiben. Honig über die Melone träufeln, mit Koriander bestreuen und vom Herd nehmen. Die Shrimps dazugeben.

3. Den grünen Spargel waschen, die Enden abschneiden, die Stangen dritteln. In einen Topf geben, leicht salzen und zuckern, mit 2 EL Wasser zugedeckt 1 Min. kochen. Den Spargel abgießen und zur Melone geben. Die Limette waschen, abtrocknen. Die Schale abreiben, den Saft ½ Limette auspressen und beides zur Melone geben.

4. Blätter des Endiviensalats ablösen, in lauwarmem Wasser waschen, trockenschleudern. In feine Streifen schneiden. Mit der Kräuter-Vinaigrette mischen und auf 2 Teller verteilen. Die Melonen mit Shrimps und Spargel auf dem Salat anrichten.

Tipp

Für diesen Salat ist **Thai-Spargel** am besten geeignet, weil er sehr dünn und darum schnell gar ist. Sie bekommen ihn bei gut sortierten Gemüsehändlern oder im Asienladen.

Mit normalem grünen Spargel geht es auch: Wenn es schnell gehen muss, brechen Sie den holzigen Teil des Spargels einfach ab. Wenn Sie mehr Zeit haben, schälen Sie den unteren Teil und schneiden das untere harte Ende ab. Die Stangen werden schräg in Scheiben geschnitten. Dann gart er genauso schnell, wie der Thai-Spargel.

Kartoffel-Bohnen-Pfanne

mit Salbei und Speck

Messer, Pfanne mit Deckel, Schneidbrett

Für 2 Personen

200 g festkochende Kartoffel

2 EL Pflanzenöl

2 Knoblauchzehen

80 g geräucherter Bauchspeck

2 Tomaten

Salz, Pfeffer, Zucker

4 Stängel Salbei

1 kleine Dose weiße Bohnen (240 g Einwaage)

½ getrocknete Chilischote

4 Stängel Basilikum

2 EL Olivenöl

2 EL Aceto balsamico bianco nach Belieben

Zubereitung 15 Min.

Pro Portion ca. 580 kcal

1. Die Kartoffeln waschen, mit der Schale in Streifen schneiden. Das Pflanzenöl in der Pfanne erhitzen, die Kartoffeln mit den ungeschälten, angeschlagenen Knoblauchzehen anbraten. Den Speck in feine Streifen schneiden und mitbraten.

2. Die Tomaten halbieren, vom Stielansatz befreien und grob zerschneiden. Mit Salz und einer Prise Zucker würzen. Salbei waschen, trockentupfen, die Blätter in Streifen schneiden. Bohnen in ein Sieb abgießen, mit kaltem Wasser abbrausen. Alles mit den Bohnen nach 4–5 Min. zu den Kartoffeln geben. Die Chilischote darüber zerbröseln. Den Deckel auflegen und bei mittlerer Hitze noch ca. 2 Min. garen.

3. Das Basilikum waschen, Blätter in Streifen schneiden. Die Pfanne vom Herd nehmen, Basilikum und Olivenöl untermischen und nach Geschmack mit weißem Aceto balsamico verfeinern. Anrichten und schwarzen Pfeffer darüber mahlen.

Info **Geräucherter durchwachsener Bauchspeck** vom Schwein passt als Brotbeilage genauso wie als deftige Zutat in Suppen und Eintöpfen. Achten Sie auf gute Qualität. Der Speck sollte fest und gut gereift sein. Greifen Sie zu, wenn sie luftgetrockneten Speck aus Südtirol bekommen. Achtung beim Salzen! Der Speck ist schon salzig.

Artischocken mit Bulgur

und Gemüsesalsa

Messer, Schneidbrett, Schnellkochtopf, Standmixer, feine Reibe

Für 2 Personen

2 große Artischocken

1 Bio-Zitrone

je 1 gelbe und rote Paprika

2 Schalotten

Salz, Zucker

2 Knoblauchzehen

2 Zweige Thymian

200 g Tomaten

1 EL Kapern

1 getrocknete Chilischote

100 g Bulgur

3 Stängel Basilikum

2 EL Olivenöl

Zubereitung 35 Min.

Pro Portion ca. 355 kcal

1. Die Artischocken von den unteren Blättern befreien, sauber abschneiden und mit einem Stück Zitrone abreiben. Artischocken vierteln und das Heu mit einem Suppenlöffel herauskratzen. Die lilafarbenen inneren Blättchen ebenfalls herausnehmen (Stepfotos links).

2. Die Paprikaschoten waschen, halbieren, Stiele, Kerne und Trennwände entfernen. Die Schoten in grobe Stücke schneiden und in den Schnellkochtopf geben. Die Schalotten schälen, halbieren und dazugeben. Alles leicht salzen, zuckern und gut mischen. Die ungeschälten, angeschlagenen Knoblauchzehen und die Thymianzweige dazugeben.

3. Die Tomaten waschen, mit Kapern und Chili im Standmixer fein pürieren. (Das Mixglas wird später noch einmal gebraucht, deshalb nicht spülen.)

4. Tomatenpüree, 150 ml Wasser und Bulgur in den Schnellkochtopf füllen und alles gut verrühren. Die Artischocken darauf setzen. Den Topf verschließen und auf höchste Stufe erhitzen. Wenn der Druck aufgebaut ist, die Hitze reduzieren und ca. 2 Min. garen.

5. Inzwischen das Basilikum waschen, die Blätter grob schneiden. Zitronenschale abreiben, den Saft auspressen.

6. Den Schnellkochtopf vom Herd nehmen, abdampfen lassen und öffnen. Artischocken herausnehmen. Thymian und Knoblauch entfernen. Die Paprikastücke und Schalotten mit einer Gabel oder Pinzette aus dem Bulgur fischen und im Mixer mit der Zitronenschale und 1–2 EL Zitronensaft fein pürieren. Nach Geschmack würzen.

7. Basilikum und Olivenöl unter den Bulgur mischen, auf Tellern anrichten. Je 4 Artischockenviertel dazulegen. Gemüsesalsa in Schälchen füllen und zusammen servieren.

Info **Artischocken** schmecken gut und sind gesund. Ihre Bitterstoffe sind verdauungsfördernd, deshalb sind sie auch in einigen Digestifs enthalten. Von den dicken runden Artischocken werden nach dem Garen die unteren Enden der Blätter und der Boden gegessen. Die kleinen länglichen Artischocken sind besonders zart, sie werden nach dem Putzen im Ganzen gegart und oft in Olivenöl eingelegt. Achten Sie beim Einkauf darauf, dass sich die Knospen prall und fest anfühlen. Die Blätter dürfen nicht trocken oder braun sein.

Karamellisiertes Blaukraut

mit Hühner-Gröstl

Großes Messer, Schneidbrett,
Topf mit Deckel, Kastenreibe,
Pfanne mit Deckel, feine Reibe

Für 4 Personen

700 g Blaukraut

Salz, Pfeffer, Zucker

1 getrocknete Chilischote

1 EL Preiselbeeren

4 EL Rotwein

1 EL Honig

1 Zimtstange

100 g Zucchini

100 g Möhren

200 g gezupftes Hühnerfleisch
(Seite 29)

1 Bio-Zitrone

10 Stängel Schnittlauch

5 Stängel Petersilie

200 g Joghurt

Zubereitung 20 Min.

Pro Portion ca. 180 kcal

1. Das Blaukraut in feine Streifen schneiden, in einem Topf mit einer Prise Salz und Zucker gut mischen. Sobald etwas Flüssigkeit austritt die Chilischote darüber zerbröseln. Preiselbeeren, Rotwein, Honig und Zimt dazugeben. Bei starker Hitze aufkochen. Mit Deckel 1 Min. kräftig kochen lassen. Den Deckel abnehmen und die Flüssigkeit in 2–3 Min. komplett einkochen lassen.

2. Inzwischen die Zucchini waschen, die Möhre schälen und beides raspeln. Mit dem Hühnerfleisch in eine Pfanne geben.

3. Die Zitrone waschen und trocken reiben. Die Schale abreiben, den Saft auspressen. Das Hühnerfleisch mit Salz, Zucker und Pfeffer, Zitronenschale und -saft gut mischen. Einen Deckel auf die Pfanne legen und bei voller Hitze ca. 2 Min. garen.

4. Inzwischen Schnittlauch und Petersilie waschen, schneiden und zum Schluss zum Zupffleisch geben. Das Blaukraut auf 4 Teller verteilen, mit Joghurt beträufeln und das Hühnergröstl in die Mitte setzen.

Bei diesem Gericht muss viel geraspelt werden. Da ist die Vierkantreibe ideal. Je schärfer die Klingen sind, desto schneller geht's.

Tipp

Das karamellisierte Blaukraut schmeckt auch toll als warmes Gemüse zu Ente, Wild oder zum klassischen Rinderbraten.

SUPPEN und EINTÖPFE

Hier kommen die kräftigen selbstgekochten Brühen zum Einsatz. So stehen Suppen und Eintöpfe ruckzuck auf dem Tisch.

Klare Ochsenbrühe
mit Gemüse und Parmesan

Messer, Schneidbrett, Topf, Schüssel, Parmesanreibe

Für 4 Personen

1 l Rinderbrühe (Seite 31)
400 g gekochte Ochsenschulter
100 g Zuckerschoten
200 g Lauch
200 g Möhren
4 Stängel Petersilie
Salz, Pfeffer, Zucker
50 g frisch geriebener Parmesan

Zubereitung 10 Min.
Pro Portion ca. 180 kcal

1. Die Rinderbrühe im Topf erhitzen. Das gekochte Ochsenfleisch in ca. 3 mm dicke Scheiben schneiden. Gemüse und Petersilie waschen. Die Zuckerschoten in feine Streifen, den Lauch in feine Ringe, die Möhren in dünne Scheiben und die Petersilienblätter in feine Streifen schneiden.

2. Das Gemüse in einer Schüssel mit Salz, Pfeffer und wenig Zucker kräftig kneten, so dass das Aroma der einzelnen Gemüse sich gut entfalten kann.

3. Fleisch, Gemüse und Petersilie in die heiße Brühe geben, einmal aufkochen und mit Parmesan servieren.

Feines für die Suppe

Flädle ist das schwäbische Wort für Eier- oder Pfannkuchen. Aus leicht gesalzenem Teig gebacken und in dünne Streifen geschnitten, bereichern sie Rinder- oder Gemüsebrühe.

Grießnocken lassen sich ganz leicht herstellen. Für die Zubereitung 1 EL Butter und ¼ l Milch aufkochen und mit Salz, Pfeffer und Muskatnuss würzen. Dann 100 g Weichweizengrieß einrühren, 2 Min. köcheln lassen, vom Herd nehmen und zugedeckt 10 Min. quellen lassen. Aus der Masse mit 2 Teelöffeln Nocken abstechen. In siedendem Wasser 5–10 Min. ziehen lassen. Sie lassen sich auch gut einfrieren und in der heißen Brühe erwärmen.

Australische Laksa

Schüssel, Sieb, feine Reibe, Messer, Schneidbrett, Topf

Für 4 Personen
½ l Geflügelbrühe (Seite 29)
½ l Kokosmilch
100 g Glasnudeln
1 Bio-Zitrone
1 EL gelbe Currypaste
Salz, Zucker
100 g Zuckerschoten
1 Bund Frühlingszwiebeln
200 g Blattspinat
400 g Lachsfilet
5 Stängel Koriandergrün

Zubereitung 25 Min.
Pro Portion ca. 550 kcal

1. In einem großen Topf die Geflügelbrühe mit der Kokosmilch aufkochen. Die Glasnudeln in einer Schüssel mit heißem Wasser übergießen. Nach ca. 2 Min. in ein Sieb abseihen und abschrecken. Die Zitrone waschen, Schale abreiben und Saft auspressen.

2. Die Suppe mit Currypaste, Salz, Zucker, Zitronenschale und 2–3 EL -saft würzen.

3. Die Gemüse waschen und putzen. Die Zuckerschoten längs halbieren, die Frühlingszwiebeln schräg in Stücke schneiden. Beides in die Suppe geben, einmal aufkochen lassen und die Hitze reduzieren.

4. Den Spinat waschen, Stiele entfernen. Lachs in Würfel schneiden, leicht salzen und zusammen mit dem Spinat und den Glasnudeln in die Suppe geben. Noch einmal kurz aufkochen lassen. Die Laksa in Suppenschalen füllen. Koriander abbrausen und die Suppe mit den Blättchen bestreuen.

Info

Lachs eignet sich zum Dünsten, Braten, Grillen und Räuchern. Man kann ihn sogar roh essen. Doch die Qualität muss stimmen. Eine Delikatesse ist Wildlachs. Durch steigende Nachfrage und schrumpfende Bestände ist sein Preis sehr hoch geworden. Eine gute Alternative dazu ist Biolachs aus Aquafarmen in Irland und Norwegen, der unter kontrollierten Bedingungen gezüchtet wird.

Asiatische Gemüsesuppe

mit Pute und Sesam

Topf mit Deckel, Messer,
Schneidbrett, Sparschäler

Für 4 Personen
1 l Geflügelbrühe (Seite 29)
400 g Putenbrust
Salz
100 g Möhren
100 g grüner Spargel
100 g Zuckerschoten
100 g Champignons
1 kleiner Bund Frühlingszwiebeln
100 g Pak Choi
2–3 Chilischoten (Menge nach Geschmack)
4 EL Sojasauce
2 EL Austernsauce
200 g Glasnudeln
5 Stängel Koriandergrün
50 g Sesamsamen
50 g Erbsensprossen

Zubereitung 20 Min.
Pro Portion ca. 425 kcal

1. Die Geflügelbrühe in einem großen Topf aufkochen. Das Putenfleisch in ca. 5 mm dicke Streifen schneiden und leicht salzen.

2. Alle Gemüse waschen. Dann die Möhren schälen, vom Spargel die holzigen Enden abschneiden, die Zuckerschoten putzen, Champignons trocken abreiben und Stiele abschneiden, Frühlingszwiebeln putzen, die Blätter vom Pak Choi ablösen. Alle Gemüse in die gewünschte Größe schneiden. Die Chilischoten waschen, Stielansätze entfernen, Schote in Ringe schneiden.

3. Die Brühe mit Sojasauce, Austernsauce und Chili nach Belieben würzen. Dann die Glasnudeln, das Gemüse und das Fleisch in den Topf füllen. Zugedeckt ca. 2 Min. köcheln lassen.

4. Koriander abbrausen und Blättchen abzupfen. Die Suppe in Schalen füllen und mit Sesam, Korianderblättchen und Erbsensprossen garnieren.

Tipp

Chilischoten unterscheiden sich in Farbe, Größe und Schärfe. Es gilt: Rote sind normalerweise schärfer als grüne und gelbe, kleine sind schärfer als große.

Ein Trick: Um die Schärfe zu mildern, einfach die Kerne entfernen, da diese das eigentlich Scharfe an den Chilis ausmachen. Dabei am besten Gummihandschuhe anziehen – und nie damit das Gesicht oder gar die Augen berühren!

Kohlrabi-Grieß-Süppchen
mit marinierten Radieschen

Schnellkochtopf, Messer, Schneidbrett, Schüssel

Für 4 Personen

1 l Geflügelbrühe (Seite 29)

300 g Kohlrabi

Salz, Zucker

8 getrocknete Aprikosen

1 EL Butter

1 gehäufter EL Dinkelgrieß (15 g)

200 g Radieschen

3 EL Essig

Zubereitung 10 Min.

Pro Portion ca. 100 kcal

1. Die Geflügelbrühe im Schnellkochtopf ohne Druck erhitzen. Den Kohlrabi schälen und in Würfel schneiden, leicht salzen und zuckern, gut mischen. Die getrockneten Aprikosen in Streifen schneiden.

2. Die Butter und den Dinkelgrieß in die Brühe rühren, Kohlrabi und Aprikosen dazugeben. Den Topf verschließen und auf höchste Stufe erhitzen. Wenn der Druck aufgebaut ist, die Hitze reduzieren und ca. 1 Min. kochen lassen.

3. In der Zwischenzeit die Radieschen waschen, putzen und in feine Scheiben schneiden. Mit Salz und Essig marinieren.

4. Den Schnellkochtopf vom Herd nehmen, unter kaltem Wasser abkühlen, abdampfen lassen und öffnen. Die Suppe abschmecken, auf Teller verteilen mit den Radieschenscheiben garnieren.

Scharfe Kokos-Blumenkohl-Suppe

Schnellkochtopf, Messer,
Schneidbrett, Sieb, Standmixer

Für 2 Personen
200 ml Kokosmilch
¼ l Geflügelbrühe (Seite 29)
50 g Mangofruchtfleisch
150 g Blumenkohl
1 TL gelbe Currypaste
Salz, Zucker
50 g Blattspinat
25 g Radieschensprossen

Zubereitung 12 Min.
Pro Portion ca. 215 kcal

1. Die Kokosmilch und die Geflügelbrühe im Schnellkochtopf ohne Druck aufkochen. Die Mango schälen und grob schneiden, den Blumenkohl waschen und in Röschen teilen.

2. Mango, Blumenkohl und Currypaste in den Topf geben. Die Suppe leicht salzen und zuckern, gut verrühren und aufkochen. Den Topf verschließen und auf höchste Stufe erhitzen. Wenn der Druck aufgebaut ist, die Hitze reduzieren und ca. 2 Min. kochen lassen.

3. In der Zwischenzeit den Spinat waschen und putzen. Ein Viertel der Blätter in feine Streifen schneiden. Sprossen in einem Sieb abbrausen und abtropfen lassen.

4. Den Schnellkochtopf vom Herd nehmen, abdampfen lassen und öffnen. Die Suppe im Standmixer fein pürieren, dabei die restlichen Spinatblätter nach und nach dazugeben.

5. Die Suppe in Gläser oder Suppenschalen füllen. Mit dem fein geschnittenen Spinat und den Sprossen garniert servieren.

Sprossen selber ziehen

Die leichteste Methode Sprossen selber zu ziehen: Die Samen (z. B. im Reformhaus erhältlich) in ein Einweckglas geben, mit lauwarmem Wasser bedecken und das Glas mit einem Mulltuch verschließen. Nach der angegebenen Einweichzeit das Wasser abgießen, die Samen spülen indem Sie frisches Wasser hinzugeben und es nach 10. Min. erneut abgießen. Nun brauchen die Samen Wärme (ca. 20°C), Licht um zu keimen und müssen täglich 1-mal gespült werden. Je nach Sorte dauert es 3 bis 10 Tage, bis Sie die Sprossen verwenden können.

Fischeintopf

mit Zucchini und Kartoffeln

Messer, Schneidbrett,
Topf mit Deckel

Für 2 Personen

300 g gekochte Kartoffeln

150 g Kirschtomaten

200 g marinierte Zucchini
(Seite 26)

1 EL Zucchinisud

300 g Rotbarschfilet (oder anderes festfleischiges Fischfilet)

Salz, Pfeffer, Zucker

4 Stängel Petersilie

40 g roher Schinken

1 EL Butter

3 EL Olivenöl

Zubereitung 30 Min.

Pro Portion ca. 480 kcal

1. Die Kartoffeln schälen und in grobe Würfel schneiden. Die Tomaten waschen, halbieren. Beides mit den Zucchini und dem Zucchinisud in einen Topf geben und erhitzen.

2. Den Rotbarsch in Portionsstücke schneiden, mit Salz, Pfeffer und etwas Zucker würzen. Die Petersilie abbrausen, die Blätter und den Schinken in feine Streifen schneiden.

3. Die Hälfte der Petersilie und die Butter in den Topf geben, die restliche Petersilie mit dem Schinken mischen.

4. Das Fischfilet auf die Gemüsemischung in den Topf setzen, Petersilie-Schinken-Mischung darauf verteilen und mit Olivenöl beträufeln. Zugedeckt bei mittlerer Hitze 8–10 Min. garen.

5. Den Fisch herausnehmen, das Gemüse noch einmal mit Salz und Pfeffer abschmecken und mit dem Fisch servieren.

Die mit Salz und Zucker marinierten Zucchini können Sie gut im Kühlschrank-Vorrat haben. Es reicht aber auch, wenn Sie das Gemüse 5 Min. vor der Verwendung salzen und pfeffern. Es bildet sich schnell der würzige Sud.

Nudeleintopf
mit roten Linsen und Bohnen

Schnellkochtopf, Messer, Schneidbrett

Für 4 Personen
1 l Geflügelbrühe (Seite 29)
200 g kleine Nudeln (s. Info)
600 g Schweinenacken in Scheiben
Salz, Pfeffer
400 g grüne Bohnen
100 g rote Linsen
3 EL Olivenöl
1 EL Butter
2 Knoblauchzehen
5 Stängel Petersilie

Zubereitung 20 Min.
Pro Portion ca. 680 kcal

1. Geflügelbrühe und Nudeln in einen Schnellkochtopf geben und ohne Druck aufkochen. 1 Min. sprudelnd kochen lassen.

2. Das Fleisch in 1 cm breite Streifen schneiden, salzen und pfeffern. Die Bohnen waschen, putzen und dritteln.

3. Dann das Schweinefleisch, Bohnen, Linsen, Olivenöl, Butter und die ungeschälten, angeschlagenen Knoblauchzehen in den Schnellkochtopf geben. Den Topf verschließen und auf höchste Stufe erhitzen. Wenn der Druck aufgebaut ist, die Hitze reduzieren und ca. 6 Min. kochen lassen.

4. Die Petersilie waschen, die Blätter in feine Streifen schneiden. Den Schnellkochtopf vom Herd nehmen, abdampfen lassen und öffnen.

5. Vor dem Servieren die Knoblauchzehen herausnehmen. Den Eintopf in Suppenschalen füllen und mit Petersilie bestreuen.

Infos

Linsen für die Blitzküche

Die roten Linsen sind am schnellsten gar. Sie brauchen 5–10 Minuten. Wenn Sie etwas mehr Zeit haben, versuchen Sie mal die schwarzen Belugalinsen, sie haben ein feines Aroma und sehen toll aus. Sie müssen wie die kleinen braungrünen Berglinsen nicht eingeweicht werden und sind in 20 Min. gar.

Kleine Nudeln

Kleine Nudeln haben in der Regel eine kurze Garzeit. Für den Nudeltopf sind Suppennudeln gut geeignet (nur nicht die ganz winzigen wie Fadennudeln, Sternchen oder Buchstaben). Außerdem gibt es inzwischen auch Mini-Farfalle und Mini-Penne mit kurzer Garzeit im Handel. Die türkischen Nudeln, die wie Reiskörner aussehen, passen auch prima zum Nudeltopf.

Kartoffel-Kürbis-Eintopf

nach Mon General Wurm

Topf, Messer, Schneidbrett

Für 2 Personen

400 g festkochende Kartoffeln

1 Knoblauchzehe

1 Zweig Thymian

4 EL Weißwein

Salz, Pfeffer, Zucker

½ l Geflügelbrühe (Seite 29)

300 g Hokkaido-Kürbis

30 g Kürbiskerne

5 Stängel Petersilie

1 EL kalte Butter

3 EL Kürbiskernöl

40 g geriebener Parmesan

Zubereitung 15 Min.

Pro Portion ca. 510 kcal

1. Die Kartoffeln gut waschen und mit der Schale in ca. 2 mm dicke Scheiben hobeln. Die Kartoffelscheiben in einem Topf mit der ungeschälten, angeschlagenen Knoblauchzehe, Thymian, Weißwein und wenig Salz so lange kochen bis der Weißwein eingekocht ist. Die Geflügelbrühe angießen und auf höchster Stufe bis auf die Hälfte einkochen lassen.

2. Inzwischen den Hokkaido-Kürbis waschen, in ca. 1 cm große Würfelchen schneiden, salzen und zuckern. Die Kürbiskerne in einer Pfanne ohne Fett rösten, bis sie knacken. Herausnehmen und abkühlen lassen. Die Petersilie waschen, abzupfen und die Blätter in Streifen schneiden.

3. Sobald die Brühe auf die Hälfte eingekocht ist die Kürbiswürfel dazu geben. Nach weiteren 3 Min. Kochzeit ist die Geflügelbrühe eingekocht. Inzwischen die Kürbiskerne grob hacken.

4. Nun die kalte Butter, das Kürbiskernöl, den Parmesan und die Petersilie unterrühren. Vor dem Servieren Knoblauchzehe und Thymian entfernen und die gehackten Kürbiskerne über den Eintopf streuen.

NUDELN
und
EIER

Alles was meine Familie und Freunde mögen – von einfachen Mittagessen bis zur edlen Vorspeise ist für jeden Anlass etwas dabei.

Pochiertes Ei

im grünen Glas

Topf, 4 Espressotassen,
Standmixer, Schnellkochtopf,
Messer, 4 größere Gläser

Für 4 Personen

2–3 EL Essig

100 g Zuckerschoten

1 kleiner Bund Frühlingszwiebeln

100 g Feldsalat (oder Spinat,
Rucola, Radieschenblätter)

1 dicker Bund Gartenkräuter
(Basilikum, Liebstöckel,
Petersilie, Schnittlauch)

Salz, Pfeffer, Zucker

4 EL Olivenöl

4 Eier

2 EL Crème fraîche

4 Scheiben Baguette

Zubereitung 20 Min.

Pro Portion ca. 280 kcal

1. 1 l Wasser in einem Topf mit einem Schuss Essig bei starker Hitze zum Kochen bringen.

2. Zuckerschoten und Frühlingszwiebeln waschen, putzen und in Stücke schneiden. Feldsalat und Kräuter waschen, trockenschleudern und grob zerschneiden. Alles in den Schnellkochtopf geben. Leicht salzen, pfeffern und zuckern, gut vermengen und ca. 1 Min. stehen lassen, bis es etwas Wasser zieht.

3. Das Olivenöl und ¼ l Wasser zum Gemüse geben, den Schnellkochtopf verschließen und auf höchste Stufe erhitzen. Wenn der Druck aufgebaut ist, die Hitze etwas reduzieren, sodass der Druck erhalten bleibt. In 1 ½ Min. garen.

4. In der Zwischenzeit die Eier einzeln aufschlagen und in die Espressotassen geben. Das siedende Wasser im Topf rühren, damit ein leichter Strudel entsteht und die Eier nacheinander ins Wasser gleiten lassen. Die Eier im leicht siedenden Wasser ca. 4 Min. ziehen lassen. Tipp: Beim Zubereiten der pochierten Eier bleibt durch einen Wasserstrudel das Eiweiß besser in Form. In ruhigem Wasser läuft es eher auseinander.

5. Den Schnellkochtopf vom Herd nehmen, abdampfen lassen und öffnen. Den Topfinhalt und Crème fraîche in den Standmixer geben und fein pürieren. Die Brotscheiben in die Gläser legen, das Gemüsepüree darauf gießen und jeweils 1 pochiertes Ei darauf setzen.

Varianten Durch die Auswahl der Gemüse können Sie die Farbe des Pürees variieren:

• Tomaten und rote Paprika ergeben eine rote Suppe

• Kürbis und Möhren Ingwer eine orangefarbene

• Gelbe Paprika und Mango sind leuchtend gelb

• Rote Bete und Backpflaumen tief lila-rot

• Kohlrabi, Pastinaken oder Petersilienwurzel machen die Suppe cremeweiß.

Geben Sie jeweils ca. 400 g Gemüse, etwas Öl und ¼ l Wasser in den Schnellkochtopf. Bei festem Gemüse wie Möhren, Kohlrabi oder Roten Beten erhöht sich die Garzeit im Schnellkochtopf auf 3–4 Min.

Omelette

mit Hühner-Gezupfe

Backofen, Messer,
Schneidbrett, Salatschleuder,
1 mittelgroße Pfanne

Für 2 Personen

150 g gekochte Kartoffeln

100 g Lauch

2 EL Pflanzenöl

Salz, Pfeffer

4 Eier

50 g Spinat

4 Stängel Petersilie

150 g gezupftes Fleisch vom
Suppenhuhn (Seite 29)

150 ml Tomatensauce
(Seite 24)

1 TL Butter

100 g rote Spitzpaprika

Zubereitung 15 Min.

Pro Portion ca. 575 kcal

1. Den Backofengrill auf 220° vorheizen. Die gekochten Kartoffeln schälen und in 3 mm dicke Scheiben schneiden. Den Lauch waschen, putzen und in Ringe schneiden.

2. Das Öl in einer großen Pfanne (oder 2 kleinen) auf mittlerer Stufe erhitzen. Kartoffeln und Lauch darin braten, bis sie leicht bräunen, mit Salz und Pfeffer würzen.

3. Inzwischen die Eier in einer Schüssel verquirlen, salzen und pfeffern. Den Spinat waschen, putzen und trockenschleudern. Die Petersilie waschen, die Blätter grob schneiden. Spinatblätter, Petersilie und das gezupfte Suppenhuhn zu den Kartoffeln in die Pfanne geben und mit 50 ml Tomatensauce mischen. Die Butter unterrühren und alles gut erhitzen.

4. Die Kartoffelmischung gleichmäßig in der Pfanne verteilen und die Eier darüber gießen. Etwa 1 ½ Min. bei mittlerer Hitze stocken lassen. Dann die Pfanne in den vorgeheizten Backofen stellen und weitere 2–3 Min. garen.

5. Die Paprikaschote waschen, halbieren, Kerne und Stielansatz entfernen. Die Schote in sehr feine Streifen hobeln. Das Omelett auf einer Platte mit den Paprikastreifen anrichten. Die restliche Tomatensauce dazu servieren.

Ruck-Zuck-Nudeln

mit Tomatensauce

Messer, Schneid-
brett, Schnellkochtopf,
Parmesanreibe

Für 4 Personen
4–6 Tomaten (ca. 600 g)
1–2 Chilischoten
¼ l Tomatensauce (Seite 24)
Salz, Pfeffer, Zucker
4 EL Olivenöl
500 g Nudeln (Penne)
10 Stängel Basilikum
50 g Parmesan

Zubereitung 15 Min.
Pro Portion ca. 660 kcal

1. Die Tomaten waschen, in Stücke schneiden, dabei den Stielansatz entfernen. Chilischoten waschen, in Ringe schneiden, Stielansatz und evtl. die Kerne entfernen. Alles zusammen mit der Tomatensauce, wenig Salz, Zucker und Olivenöl im Schnellkochtopf ohne Druck aufkochen.

2. Die Nudeln und ½ l Wasser zu den Tomaten in den Schnellkochtopf geben. Den Topf verschließen und auf Stufe 1 erhitzen. Wenn der Druck aufgebaut ist, den Topf von der Herdplatte ziehen und 6 Min. garen. Wenn der Druck abfällt, den Topf wieder auf die Herdplatte stellen.

3. Inzwischen das Basilikum abbrausen, trockentupfen, die Blätter in feine Streifen schneiden. Parmesan reiben.

4. Den Schnellkochtopf vom Herd nehmen, abdampfen lassen und öffnen. Nudeln auf Teller verteilen, Pfeffer darüber mahlen und mit Parmesan und Basilikum betreuen.

Mehr Ruck-Zuck-Nudeln

Die Saucenrezepte sind für 400–500 g Nudeln gedacht. Die Nudeln nach Packungsangabe kochen.

Butter-Pfeffer-Nudeln

2–3 EL Butter in einer großen Pfanne zerlassen, die abgetropften Nudeln (sehr gut sind kleine Penne) dazu geben. Reichlich frisch gemahlenen schwarzen Pfeffer und frisch geriebenen Parmesan untermischen.

Aglio, Olio und Peperoncini

2–3 Knoblauchzehen schälen und fein hacken. 1–2 Peperoncini putzen und in feine Ringe schneiden. In einer großen Pfanne 50 ml Olivenöl erhitzen, Knoblauch und Peperoncini darin anbraten. Gekochte Spaghetti dazugeben und mischen. Mit Salz und Pfeffer nachwürzen und mit frisch geriebenem Parmesan servieren.

Nudeln mit frischen Tomaten

3 große Tomaten fein würfeln, dabei den Stielansatz entfernen. Tomatenwürfel in einem Sieb abtropfen lassen. Dann mit Salz, Pfeffer, Zucker und fein geschnittenen Basilikumblättern mischen. Evtl. mit etwas Aceto Balsamico oder etwas gehacktem Knoblauch abschmecken. Mit den heißen Spaghetti und frisch geriebenem Parmesan servieren. Jeder mischt auf seinem Teller selber. Nach Geschmack noch ein Schälchen geröstete Pinienkerne dazu reichen.

Gorgonzola-Sauce

200 g Sahne erhitzen, 150 g Gorgonzola und 100 g Frischkäse in Stücken dazugeben und darin schmelzen lassen. 2–3 Min. cremig einköcheln lassen, ab und zu rühren. Mit Salz, Pfeffer und etwas Zucker abschmecken. Mit den Nudeln mischen und mit Schnittlauchröllchen bestreuen.

Pappardelle mit Lachs
und Salsa picante

2 große Töpfe, Messer, Schneidbrett, Sieb, Parmesanreibe

Für 4 Personen
400 g Lachsfilet ohne Haut
Salz, Pfeffer, Zucker
½ TL gemahlener Koriander
400 g breite Bandnudeln (Pappardelle)
¼ l Tomatensauce (Seite 24)
1 getrocknete Chilischote
5 Stängel Basilikum
100 g Parmesan

Zubereitung 12 Min.
Pro Portion ca. 685 kcal

1. In einem Topf Salzwasser zum Kochen bringen. Den Lachs in etwa 5 mm dicke Streifen schneiden, mit Salz, Pfeffer, etwas Zucker und Koriander würzen. Die Nudeln in das kochende Wasser geben und 1 Min. weniger kochen, als auf der Packung steht.

2. Inzwischen in einem großen Topf die Tomatensauce aufkochen, die Chilischote darüber zerbröseln. Basilikum waschen, trockentupfen, die Blätter grob schneiden und zur Tomatensauce geben.

3. Den gewürzten Lachs auf der Tomatensauce verteilen, so dass er von unten erwärmt wird. Den Topf von der Herdplatte nehmen. Den Parmesan reiben.

4. Die Nudeln abgießen (etwas Nudelwasser auffangen). Die heißen Nudeln auf dem Lachs verteilen und 1 Min. stehen lassen. Dann 2 EL Nudelwasser darüber verteilen, mit der Hälfte des geriebenen Parmesans bestreuen und aufkochen. Nach 1 Min. alles vorsichtig vermengen und auf Teller verteilen. Den restlichen Parmesan dazu reichen.

Schnelle Nudeln

• Neben den Pappardelle haben auch Nudelsorten wie Spaghetti oder Linguine geringe Garzeiten. Je dünner und kleiner, desto kürzer ist die Garzeit.

• Diese ist bei frischen Nudeln noch kürzer: Schauen Sie für die Blitzküche mal in der Kühltheke Ihres Supermarkts nach frischen Bandnudeln, gefüllten Nudeln und Gnocchi.

Salsiccia-Nudeln

mit Blattspinat

Topf, Messer, Schneidbrett,
große Pfanne

Für 2 Personen

150 g Nudeln

2 Scheiben Ingwer

50 g rote Zwiebel

100 g Kirschtomaten

8 kleine grüne Jalapeños-
Paprika (ersatzweise
1–2 Spitzpaprika)

150 g Babyspinat
(ersatzweise TK-Blattspinat;
aufgetaut)

5 Stängel Basilikum

150 g Salsiccia-Wurst
(ital. grobe rohe Wurst, ersatzweise grobe Bratwurst)

1 EL Pflanzenöl

150 ml Tomatensauce
(Seite 24)

1 EL Olivenöl

Salz, Pfeffer

Zubereitung 30 Min.

Pro Portion ca. 715 kcal

1. Die Nudeln mit einem Stück Ingwer in kochendes Salzwasser geben und 1 Min. weniger kochen als auf der Packung steht.

2. Inzwischen die Zwiebel schälen und in dünne Scheiben schneiden, die Kirschtomaten waschen, vierteln, dabei die Stielansätze entfernen. Die Japaleños-Paprika waschen (bzw. Spitzpaprika putzen und in Stücke schneiden). Spinat waschen und abtropfen lasssen. Das Basilikum abbrausen, die Blätter in Streifen schneiden. Die Salsiccia aus dem Darm lösen und in kleine Stücke zupfen.

3. Pflanzenöl in einer großen Pfanne erhitzen. Die Wurststücke scharf anbraten. Die Hitze reduzieren, Tomaten und Mini-Paprika dazu geben und mitgaren. Nach 1 Min. Spinat, Zwiebel, Basilikum und Tomatensauce unterheben und gut erhitzen.

4. Die Nudeln abgießen, mit der Sauce vermischen, das Olivenöl dazugeben und 1 Min. ziehen lassen. Das Ganze noch einmal mit Salz und Pfeffer nachwürzen.

Infos

Salsiccia ist eine italienische, grobe Wurst vom Schwein. Es gibt sie je nach italienischer Region in unterschiedlichen Geschmacksrichtungen, z. B. mit Fenchel, Chili oder Knoblauch verfeinert. Beim Kauf sollte man wegen des langen Transportweges auf die Frische des Produkts achten. Falls Sie das Original nicht bekommen, tut es als Ersatz eine grobe Bratwurst.

Als **Jalapeños** bezeichnet man kleine bis mittelgroße Paprika. Sie sind kegelförmig und deutlich weniger scharf als Chilischoten. Allerdings kann auch immer mal eine scharfe dabei sein. Sie schmecken in Olivenöl gebraten und mit grobem Meersalz bestreut toll zum Aperitif.

Reisnudeln mit Wokgemüse

und Hähnchenbrust

Schüssel, Messer, Schneidbrett, feine Reibe, Wok, Siebkelle, Sieb

Für 2 Personen

100 g Reisnudeln

200 g Hähnchenbrustfilets

Salz

1 Knoblauchzehe

1 Chilischote

3 Frühlingszwiebeln

150 g Möhren

5 Stängel Koriandergrün

1 Bio-Zitrone

3 EL Pflanzenöl

50 g Cashewnüsse

½ TL Tamarindenpaste

3 EL Sojasauce

1 EL Austernsauce

1 EL geröstetes Sesamöl

2 EL Sprossen

Zubereitung 20 Min.

Pro Portion ca. 670 kcal

1. Die Reisnudeln in einer Schüssel mit kochendem Wasser übergießen und beiseite stellen. Die Hähnchenbrust in Streifen schneiden und salzen. Knoblauch schälen, Chilischote putzen, beides sehr fein hacken.

2. Frühlingszwiebeln putzen, Möhren schälen, beides klein schneiden. Koriandergrün abbrausen, mit den Stielen klein schneiden. Die Zitrone waschen, trockenreiben, die Schale von ½ Zitrone abreiben, den Saft auspressen.

3. Das Öl im Wok erhitzen, Chili und Knoblauch zusammen mit den Cashewnüssen darin anbraten, bis der Knoblauch goldgelbe Kanten bekommt. Das gibt den authentischen Thai-Geschmack.

4. Hähnchenbrust und die Hälfte des Korianders dazugeben und rundum bei großer Hitze anbraten. Alles mit einer Siebkelle aus dem Wok nehmen. Die Hitze auf die Hälfte reduzieren.

5. Die Reisnudeln in ein Sieb abgießen und abtropfen lassen. Mit Möhren und Zwiebeln in den Wok geben. Zitronensaft und -schale und Tamarindenpaste dazu geben. Mit Sojasauce, Austernsauce und Sesamöl würzen. Das Fleisch dazugeben, alles gut mischen und kurz erhitzen. Den restlichen Koriander dazugeben und nach dem Anrichten mit Sprossen garnieren.

FISCH

Fisch ist ideal für die Blitzküche. Er ist sehr
schnell gegart und lässt sich mit fast allem
kombinieren. Unbedingt probieren: das
Zanderfilet auf Salat von Suppenfleisch!

Sashimi von Lachs

mit Algensalat

3 Schüsseln, feine Reibe,
Messer, Schneidbrett, Sieb

Für 4 Personen
10 g getrocknete Algen
(Wakame)
½ Bio-Zitrone
400 g Lachsfilet (Sushi-Qualität)
4 EL helle Sojasauce
2 EL geröstetes Sesamöl
Salz, Zucker
40 g Wasabi-Sprossen
40 g Zwiebelsprossen
100 g Staudensellerie
40 g geröstete Sesamsamen
1 EL Honig
2 EL Reisessig

Zubereitung 20 Min.
Pro Portion ca. 360 kcal

1. Die Algen in einer Schüssel in kaltem Wasser ca. 15 Min. einweichen. Die Zitrone waschen, Schale abreiben und den Saft auspressen.

2. Den Lachs ohne Haut in ca. 3 mm dünne Scheiben schneiden. Den Fisch mit 2 EL heller Sojasauce, geröstetem Sesamöl, 1 EL Zitronensaft, der Zitronenschale und 1 Prise Zucker marinieren (in den Kühlschrank stellen).

3. Wasabi-Sprossen und Zwiebelsprossen getrennt im Sieb abbrausen und abtropfen lassen. Den Staudensellerie waschen, putzen und in feine Scheiben schneiden. Dann mit den Wasabi-Sprossen mischen.

4. Algen abgießen, abtropfen lassen. Mit 2 EL Sojasauce, der Hälfte der gerösteten Sesamsamen, Honig, Essig und etwas Meersalz ca. 3 Min. marinieren.

5. Nun den Lachs, Algensalat und Staudensellerie anrichten mit den restlichen Sesamsamen und Zwiebelsprossen servieren.

Tipp Den Algensalat mit Sesam gibt es auch fertig zubereitet und tiefgefroren in gut sortierten Asienläden.

Infos Die **Wakame-Alge** wird sowohl frisch als auch getrocknet verwendet, z. B. als Einlage in der japanischen Miso-Suppe oder als Salat.

Mizukan-Essig ist ein japanischer Reisessig. Er hat nur einen Säuregehalt von 4,2 % und ist daher besonders mild.

Sashimi ist eine japanische Vorspeise, die aus verschiedenem rohem, dünn geschnittenem Fisch oder anderen Meeresfrüchten besteht. Der Fisch muss absolut frisch sein. Verlangen Sie beim Einkauf Sushi-Qualität.

Butterlachs
mit Blattsalat und Crème fraîche

Backofen, Backpapier, Messer, Schneidbrett, kleiner Topf, Salatschleuder

Für 4 Personen

20 g Kräuterbutter (Seite 25)

600 g Lachsfilet

½ TL gemahlener Koriander

Salz, Pfeffer, Zucker

4 handvoll bunter Blattsalat

10 Stängel Schnittlauch

4 EL Crème fraîche

80 ml Kräuter-Vinaigrette (Seite 23)

Zubereitung 20 Min.

Pro Portion ca. 415 kcal

1. Den Backofen auf 75° (Umluft) vorheizen. Die Kräuterbutter in einem kleinen Topf schmelzen. Den Lachs in ca. 1,5 cm breite Streifen schneiden, mit Salz und Koriander würzen und mit der Kräuterbutter einpinseln. Den Lachs im Backofen auf einem Gitter und auf Backpapier in 7–10 Min. glasig garen.

2. Den Salat waschen und trockenschleudern, auf 4 Tellern anrichten. Schnittlauch abbrausen und in ca. 5 cm lange Stücke schneiden.

3. Crème fraîche in Flocken über den Salat verteilen, Kräuter-Vinaigrette darüber träufeln. Den Lachs auf das Salatbett setzen und mit Schnittlauch bestreuen.

Varianten

• Statt mit Salat können Sie den Lachs auch sehr schnell mit mariniertem Gemüse zubereiten. Das Gemüse aus dem Vorrat ist mit etwas Gemüsesud in 2–3 Min. fertig gegart.

• Würzen Sie je nach Lust mal mediterran mit Knoblauch, Thymian und Olivenöl, mal orientalisch mit etwas Honig, Zimt und Ras el Hanout oder asiatisch mit Chili, Ingwer und geröstetem Sesamöl.

• Statt Lachs eignet sich Lachsforellen- oder Saiblingsfilet ebenso. Je nach dem, wie dick die Filets sind, reduziert sich die Garzeit um 2–3 Min.

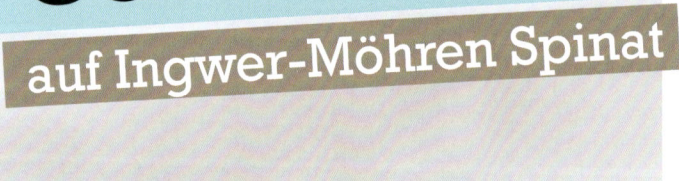

Gebratener Tintenfisch

auf Ingwer-Möhren Spinat

Topf, feine Reibe, Messer,
Schneidbrett, Schüssel, Pfanne

Für 4 Personen

200 g marinierte Möhren
(Seite 26)

50 ml Geflügelbrühe (Seite 29)

1 Chilischote (nach Belieben)

3 Scheiben Ingwer

2 TL Butter

1 TL Honig

1 Bio-Zitrone

1 Schalotte

200 g Spinat

30 g gerösteter Sesam

Salz, Pfeffer, Zucker

400 g Tintenfisch (Tuben,
küchenfertig vorbereitet)

4 EL Olivenöl

3 Stängel Petersilie

50 g getrocknete Tomaten

2 Knoblauchzehen

1 Zweig Thymian

1 Zweig Rosmarin

Zubereitung 20 Min.

Pro Portion ca. 275 kcal

1. Die marinierten Möhren mit Brühe, Chili (in Ringe geschnitten, nach Belieben), Ingwer, 1 TL Butter und dem Honig in einem Topf zugedeckt bei mittlerer Hitze ca. 2 Min. dünsten.

2. Die Schale von ¼ Zitrone abreiben, den Saft der Zitrone auspressen. Die Schalotte schälen und in Streifen schneiden. Den Spinat waschen, putzen, mit der Schalotte und 2 EL Zitronensaft zu den Möhren geben. Noch 2–3 Min. weiter garen. Den Sesam unterrühren.

3. Inzwischen die Tintenfisch-Tuben waschen, in 3 mm feine Streifen oder Ringe schneiden, in einer Schüssel mit 3 EL Zitronensaft, der abgeriebene Zitronenschale und 2 EL Olivenöl, Salz, Zucker und Pfeffer marinieren.

4. Petersilie abbrausen, die Blätter und die getrockneten Tomaten in feine Streifen schneiden.

5. In einer Pfanne das restliche Olivenöl erhitzen, die ungeschälten, angeschlagenen Knoblauchzehen, Rosmarin, Thymian und 1 TL Butter dazu geben. Kurz anschwitzen, dann den marinierten Tintenfisch und 1–2 Min. später die Tomaten- und Petersilienstreifen dazugeben. Einmal durchrühren, gut erhitzen und fertig.

6. Vor dem Anrichten den Ingwer aus dem Möhrengemüse und den Knoblauch aus der Tintenfischpfanne entfernen. Möhrengemüse mit Tintenfisch anrichten.

Tipps

Kaufen Sie möglichst kleine **Tintenfische.** Ob mit oder ohne Fangarme entscheiden Sie nach Geschmack. Es gibt sie tiefgekühlt in guter Qualität.

Bereits **gerösteter Sesam** ist schwierig im Einzelhandel zu finden. Ihn selbst zu rösten geht aber ganz leicht und schnell: Die Sesamsamen ohne Fett in eine Pfanne geben und darin bei mittlerer Hitze rösten. Immer mal schwenken, es dauert nur wenige Minuten. Aber Vorsicht, Sesam verbrennt leicht!

Zanderfilet
auf Salat von gebratenem Suppenfleisch

Messer, Schneidbrett,
2 Pfannen, evtl. Pinzette

Für 4 Personen

300 g gekochtes Suppenfleisch
(Seite 31)

200 g Weißkohl

150 g rote Zwiebel

5 Stängel Petersilie

6 EL Pflanzenöl

400 g Zanderfilets mit Haut

Salz, Pfeffer, Zucker

1 EL Butter

3 EL Olivenöl

⅛ l Kräuter-Vinaigrette
(Seite 23)

4 EL Sauerrahm

Zubereitung 25 Min.

Pro Portion ca. 555 kcal

1. Das Suppenfleisch und den Weißkohl in feine Streifen schneiden, die Zwiebel schälen und in feine Ringe schneiden. Die Petersilie abbrausen und die Blätter in feine Streifen schneiden.

2. In einer Pfanne 3 EL Pflanzenöl erhitzen, das Suppenfleisch
darin scharf anbraten.

3. Die Zanderfilets waschen, trockentupfen, noch einmal auf
Gräten überprüfen und eventuell mit Pinzette oder V-Schnitt
entfernen. Beidseitig salzen und pfeffern. In die zweite Pfanne
3 EL Pflanzenöl gießen, die Filets mit der Hautseite hineinlegen,
schnell erhitzen, dann bei mittlerer Hitze goldbraun braten.
Tipp: Den Fisch in die kalte Pfanne legen und dann erst erhitzen.
So bleibt er schön flach und zieht sich nicht zusammen.

4. Inzwischen den Weißkohl zum Fleisch geben und bei mittlerer
Hitze mit anbraten. Mit Salz, Pfeffer und Zucker würzen. Kurz vor
dem Anrichten die rote Zwiebel dazu geben und mit der Kräuter-
Vinaigrette ablöschen. Vom Herd nehmen.

5. Die Butter und 2 EL Olivenöl zum Zander geben, die Petersilie
darin ausbraten, den Fisch wenden und die Petersilienbutter in
der Pfanne über den Fisch löffeln. Zander mit dem Salat anrichten, einen Klecks Sauerrahm auf den Fleischsalat geben.

Info

Der **Zander** ist ein Süßwasserfisch mit festem
weißem und sehr magerem Fleisch. Er gehört
zur Familie der Barsche und eignet sich für viele
Zubereitungsarten. Ich mag ihn am liebsten in
der Pfanne mit der Haut gebraten.

Als Alternativen zum Zander eignen sich alle fest-
fleischigen Fische, zum Beispiel Dorade, Hecht
oder Waller.

Gebratenes Zanderfilet

mit Reibekuchen und Roter Bete

Messer, Schneidbrett, Einmal-Gummihandschuhe, 2 Schüsseln, Pinzette, Salatschleuder, 2 Pfannen

Für 2 Personen
200 g Rote Bete
Salz, Pfeffer, Zucker
1 EL Essig, 4 EL Pflanzenöl
200 g Kartoffeln
300 g Zanderfilet mit Haut
1 kleiner Kopfsalat
je 1 Zweig Rosmarin und Thymian
1 Knoblauchzehe
2 EL Olivenöl
1 TL Butter
2–3 Stängel Dill
50 g körniger Frischkäse
4 EL Joghurt-Vinaigrette (Seite 23)

Zubereitung 35 Min.
Pro Portion ca. 580 kcal

1. Die Rote Bete schälen und in 3 mm dicke Scheiben und anschließend in Streifen schneiden (am besten Einmal-Gummihandschuhe anziehen). Die Rote Bete in einer Schüssel salzen, zuckern und kneten. Mit 1 EL Essig und 1 EL Pflanzenöl marinieren.

2. Die Kartoffeln waschen und mit der Schale grob reiben, leicht salzen und pfeffern. Die Zanderfilets waschen, trockentupfen, auf Gräten prüfen und evtl. mit einer Pinzette entfernen. Die Blätter vom Kopfsalat lösen, waschen und trockenschleudern.

3. In eine Pfanne 2 EL Pflanzenöl gießen. Die gewürzte Kartoffelmasse zu 2 Reibekuchen formen und ca. 5 Min. auf jeder Seite goldbraun braten.

4. Das restliche Pflanzenöl in der zweiten Pfanne erhitzen, die Zanderfilets salzen, pfeffern und mit der Hautseite hineinlegen, schnell erhitzen, dann bei mittlerer Hitze zusammen mit Rosmarin, Thymian und den ungeschälten, angeschlagenen Knoblauch-zehen ca. 3 Min. braten.

5. Zum Fisch nach ca. 3 Min. 2 EL Olivenöl und Butter geben. Den Zander wenden, die Pfanne etwas schräg halten und Butter und Olivenöl über den Fisch löffeln. Vor dem Servieren Rosmarin, Thymian und Knoblauchzehen entfernen.

6. Den Dill abbrausen, klein schneiden und zum Rote-Bete-Salat geben. Mit Zander und Reibekuchen anrichten. Je einen Löffel Frischkäse darauf setzen. Die Kopfsalatblätter mit Joghurt-Vinaigrette mischen und dazu servieren.

Tipp

Wenn die Ränder der Fischfilets außen etwa 1 cm breit gegart sind (weiß werden), die Filets umdrehen. Dann ist das Filet fast durchgegart und die Haut braun und knusprig. Anschließend auf der Fleischseite dann nur noch ganz kurz braten.

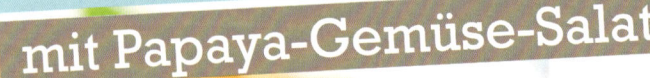

Fischpfanne

mit Papaya-Gemüse-Salat

Messer, Schneidbrett, Pfanne,
Topf mit Deckel, 2 Schüsseln,
Gemüsehobel, feine Reibe

Für 2 Personen

300 g Kabeljau

Salz, Pfeffer, Zucker

100 g Blumenkohl

100 g Champignons

4 EL Pflanzenöl

40 g Cashewnüsse (möglichst
ungesalzen)

100 g Zuckerschoten

3 Frühlingszwiebeln

2 Scheiben Ingwer

150 g Papaya

1 kleine Möhre (ca. 80 g)

1 Bio-Limette

5 Stängel Koriandergrün

5 Stängel Petersilie

Zubereitung 20 Min.

Pro Portion ca. 490 kcal

1. Den Kabeljau in Portionsstücke schneiden, salzen, pfeffern und ganz leicht zuckern. Den Blumenkohl in kleine Röschen teilen. Champignons putzen und vierteln.

2. 2 EL Pflanzenöl in einer großen Pfanne erhitzen. Blumenkohl, Champignons und Cashewnüsse bei mittlerer Hitze goldgelb braten. An den Pfannenrand schieben. Das restliche Öl hineingießen und den Fisch darin ca. 5 Min. braten, nach 3 Min. vorsichtig wenden.

3. Die Zuckerschoten putzen und der Länge nach halbieren, die Frühlingszwiebeln putzen und schräg in Stücke schneiden. Beides mit 2 Scheiben Ingwer und 2–3 EL Wasser in einen Topf geben und ca. 1 Min. kochen lassen. In eine Schüssel füllen.

4. Die Papaya entkernen, schälen und in Scheiben schneiden. Die Möhre schälen und in dünne Scheiben hobeln. Beides mit den Zuckerschoten mischen und leicht salzen und pfeffern. Die Limette waschen, die Schale direkt in den Salat reiben, den Saft auspressen. 1–2 EL Saft und 1 EL Pflanzenöl unter den Salat mischen. Den Koriander abbrausen, abzupfen, die Blätter fein schneiden und darüber streuen.

5. Die Petersilie waschen, Blätter in Streifen schneiden. Fisch und Gemüse mit Petersilie bestreuen und zusammen mit dem Papayasalat servieren.

| Info | Der **Kabeljau** hat weißes, zartes, fettarmes Fleisch. Filets sind frisch und tiefgefroren im Handel. Er eignet sich gut zum Braten und Dünsten. Getrocknet wird er als Stockfisch angeboten. |

Der Kabeljau gehört zu den bedrohten Arten, achten Sie beim Kauf deshalb auf das MSC-Siegel (Seite 17). Alternativ können Sie für diese Rezepte auch Alaska-Seelachs oder Zuchtfische wie Pangasius verwenden.

Kabeljau mit knusprigem Brot

auf Meerrettich-Zuckerschoten

Messer, Schneidbrett, Topf,
Pfanne, Kastenreibe

Für 2 Personen
300 g Kabeljaufilet
Salz, Pfeffer, Zucker
1 TL Senf
200 g Zuckerschoten
3 EL Pflanzenöl
50 g Weißbrot
5 Stängel Petersilie
1 Zweig Rosmarin
20 g Butter
1 Knoblauchzehe
10 Stängel Schnittlauch
50 g Meerrettich

Zubereitung 20 Min.
Pro Portion ca. 420 kcal

1. Den Kabeljau von beiden Seiten salzen und pfeffern (evtl. vorhandene Gräten entfernen), eine Seite mit Senf bestreichen. Die Zuckerschoten waschen, putzen und halbieren. In einen Topf geben, mit Salz und Zucker mischen und 3 Min. ziehen lassen.

2. Inzwischen in der Pfanne das Pflanzenöl erhitzen, den Fisch auf der Senfseite bei mittlerer Hitze ca. 3 Min. anbraten. Das Weißbrot in ca. 1 cm große Würfel schneiden. Petersilie waschen und die Blätter in Streifen schneiden.

3. Nach 3 Min. den Kabeljau wenden, Rosmarin und das Brot dazu geben. Die Hitze auf die Hälfte reduzieren. 1 ½ EL Butter und die Petersilie dazu geben. Das Brot knusprig braten, dabei öfter wenden.

4. Inzwischen die marinierten Zuckerschoten mit etwas Wasser, dem Rosmarin, einer ungeschälten, angeschlagenen Knoblauchzehe und der restlichen Butter in einen Topf geben und ca. 2 Min. zugedeckt köcheln lassen.

5. Den Schnittlauch waschen und in Röllchen schneiden, Meerrettich schälen und reiben. Beides vor dem Anrichten zu den Zuckerschoten geben. Das Gemüse auf 2 Teller verteilen und den Fisch mit den knusprigen Brotwürfeln darauf anrichten.

Tipp

Statt Meerrettich können Sie 1 TL Wasabipaste zu den Zuckerschoten geben. Oder für eine fruchtige Variante 3–4 in feine Streifen geschnittene getrocknete Aprikosen.

Seelachs
im sauren Gemüsesud

Messer, Schneidbrett, evtl. Pinzette, feine Reibe, 2 Pfannen

Für 4 Personen
600 g Seelachs
1 Bio-Zitrone
200 g Staudensellerie
1 kleine Stange Lauch
1 Spitzpaprika
12 Kirschtomaten
400 g gekochte Kartoffeln
Salz, Pfeffer, Zucker
6 EL Pflanzenöl
2 Knoblauchzehen
¼ l Weißwein, ⅛ l Essig
4 Lorbeerblätter
3 Scheiben Ingwer
je 4 Stängel Basilikum, Dill, Petersilie, Kerbel, Schnittlauch

Zubereitung 35 Min.
Pro Portion ca. 395 kcal

1. Den Fisch waschen, trockentupfen und in 4 Portionsstücke schneiden. Evtl. vorhandene Gräten mit der Pinzette entfernen. Die Zitrone waschen, trockenreiben, die Schale fein abreiben und den Saft auspressen. Staudensellerie, Lauch und Paprika waschen, putzen und in feine Streifen schneiden, Tomaten halbieren.

2. Die Kartoffeln schälen, in große Stücke schneiden, salzen und pfeffern. 3 EL Pflanzenöl in einer Pfanne erhitzen, die Kartoffeln darin mit den ungeschälten, angeschlagenen Knoblauchzehen goldgelb braten.

3. Inzwischen den Weißwein und Essig in einer tiefen Pfanne erhitzen. 3 EL Pflanzenöl, die Zitronenschale, das Gemüse, Lorbeerblätter und Ingwer dazu geben. Mit Zitronensaft, Salz, Pfeffer und Zucker abschmecken. Den Seelachs salzen und pfeffern, in den Sud legen und (je nach Größe der Fischstücke) 3–4 Min. köcheln lassen.

4. Die Kräuter abbrausen, trockentupfen und grob zerschneiden, kurz vor Ende der Garzeit je zur Hälfte zum Fisch und den Kartoffeln geben, die Knoblauchzehen und Ingwer entfernen. Den Seelachs im Sud mit den Kartoffeln servieren.

GEFLÜGEL

Meine Lieblingsgeflügel auf dem Teller sind
Hähnchen und Pute. Sie sind schnell und
unendlich variabel zuzubereiten. Dazu fällt
mir immer wieder etwas Neues ein.

Hähnchenbrust

mit Gurkennudeln und Frischkäse

Messer, Schneidbrett,
Pfanne, Sparschäler, Schüssel,
feine Reibe

Für 4 Personen

4 Hähnchenbrustfilets
(ca. 600 g)

Salz, Pfeffer, Zucker

4 EL Pflanzenöl

je 1 Zweig Rosmarin und Thymian

2 Knoblauchzehen

1 Salatgurke

80 ml Kräuter-Vinaigrette
(Seite 23)

1 Bund Frühlingszwiebeln

4 Feigen

5 Stängel Basilikum

200 g körniger Frischkäse

1 EL Olivenöl

1 Bio-Zitrone

4 Schalotten

50 g geröstete Sesamsamen

4 EL Radieschensprossen

80 ml Tomatensauce (Seite 24)

Zubereitung 25 Min.

Pro Portion ca. 460 kcal

1. Die Hähnchenbrustfilets in fingerdicke Scheiben schneiden und von beiden Seiten salzen und pfeffern. Das Pflanzenöl in einer Pfanne erhitzen.

2. Die Fleischstreifen mit Rosmarin, Thymian und den ungeschälten, angeschlagenen Knoblauchzehen bei mittlerer Hitze von jeder Seite ca. 2 Min. braten. Dann aus der Pfanne nehmen.

3. Inzwischen die Gurke schälen. Wenn die Schale entfernt ist, das Fruchtfleisch weiter in Streifen bis auf die Kerne abschälen. Die Gurkenstreifen in einer Schüssel leicht salzen, zuckern und pfeffern, gut mischen und die Kräuter-Vinaigrette dazu geben.

4. Die Frühlingszwiebeln waschen, putzen und in Ringe schneiden. Die Feigen waschen, vierteln und kurz in der Pfanne anschwitzen. Das Weiße der Frühlingszwiebeln und das Fleisch dazu geben und in der Pfanne warm halten.

5. Basilikum abbrausen, Blätter in feine Streifen schneiden. Den Frischkäse mit Salz und Pfeffer würzen, mit Olivenöl und Basilikumstreifen verrühren. Zitrone waschen, die Schale fein abreiben. Die Schalotten schälen und in feine Ringe schneiden.

6. Das Fleisch und die Feigen auf dem Frischkäse anrichten. Mit Sesam, Grün der Frühlingszwiebeln und Zitronenschale bestreuen. Mit Gurkennudeln, Schalotten, Radieschensprossen und der kalten Tomatensauce anrichten.

Tipp

Wenn Sie rohe Schalotten nicht so gern essen oder nicht vertragen, braten Sie sie zusammen mit dem Fleisch an.

Thai-Chicken-Curry

Messer, Schneidbrett, Pfanne oder Wok, feine Reibe

Für 4 Personen
Je 100 g rote und gelbe Paprika
200 g Zucchini
200 g Spitzkohl
4 Stängel Zitronengras
80 g Ingwer
4 EL Rapsöl
1 EL rote Currypaste
Zucker, Salz
60 ml Sojasauce
3 EL Austernsauce
600 ml Kokosmilch
400 g Hähnchenbrust
600 g gekochter Reis
1 Bio-Zitrone
5 Stängel Koriandergrün
30 g geröstete Sesamsamen

Zubereitung 30 Min.
Pro Portion ca. 730 kcal

1. Paprika und Zucchini waschen, putzen, Paprika in Stücke, Zucchini in Scheiben schneiden. Spitzkohl in feine Streifen schneiden.

2. Das Zitronengras anschlagen, den Ingwer schälen und beides in grobe Stücke schneiden. Rapsöl in einer Pfanne oder im Wok erhitzen. Zitronengras, Ingwer und Currypaste darin anbraten. Etwas Zucker dazu geben und nach 1 Min. mit Soja- und Austernsauce ablöschen. Die Kokosmilch dazu geben und bei kleiner Hitze ziehen lassen.

3. Die Hähnchenbrust in Streifen schneiden, salzen, leicht zuckern und zusammen mit dem Gemüse in die Kokosmilch geben. Zugedeckt 5–7 Min. leicht köcheln lassen.

4. Inzwischen den Reis erhitzen. Entweder in einem Dämpfeinsatz über siedendem Wasser oder etwas Wasser in einen Topf geben (der Boden sollte gerade bedeckt sein) und den Reis hinein füllen. Den Deckel auflegen, einmal aufkochen, vom Herd nehmen und wenige Minuten ziehen lassen.

5. Die Zitrone waschen, die Schale abreiben und den Saft auspressen. Koriander abbrausen und fein schneiden. Das Curry vor dem Anrichten mit Zitronensaft und -schale abschmecken, Zitronengras und Ingwer entfernen, Koriander darüber streuen. Den Reis mit Sesam mischen und dazu servieren.

Infos

Reis wird in Asien ohne Salz zubereitet. So eignet er sich gut zum Neutralisieren bei scharf gewürzten Gerichten.

Austernsauce wird in der asiatischen Küche oft gemeinsam mit Sojasauce zum Würzen verwendet. Sie besteht zumeist aus Austernextrakt, gemischt mit Sojasauce, Salz, Zwiebeln und Knoblauch. Vegetarische Austernsauce wird aus Pilzextrakt und Gewürzen hergestellt.

Helle Sojasauce ist – im Vergleich zu dunkler – weniger intensiv und passt gut zu hellem Fleisch und Gemüse.

Poulardenbrust

mit mariniertem Gemüse

Backofen, Messer,
Schneidbrett, ofenfeste
Pfanne, Topf mit Deckel

Für 4 Personen

4 Poulardenbrustfilets
mit Haut

Salz, Pfeffer, Zucker

2 EL Pflanzenöl

1 Zweig Rosmarin

800 g mariniertes Gemüse
(z. B. Möhren, Zucchini,
rote und gelbe Paprika,
Kohlrabi, Seite 26)

2 EL Butter

2 EL Olivenöl

2 Knoblauchzehen

50 ml Geflügelbrühe
(Seite 29; bei Bedarf)

8 Stängel Petersilie

Zubereitung 17 Min.

Pro Portion ca. 485 kcal

1. Den Backofen auf 180° vorheizen. Die Poulardenbrust von beiden Seiten salzen, zuckern und pfeffern. In einer Pfanne das Pflanzenöl erhitzen und das Fleisch mit dem Rosmarin und 1 ungeschälten, angeschlagenen Knoblauchzehe beidseitig goldgelb anbraten. In der Pfanne für 8 Min. in den Backofen schieben. Die Poulardenbrust soll dabei auf der Hautseite liegen.

2. Inzwischen das marinierte Gemüse in einem Topf mit 1 EL Butter, dem Olivenöl, einer ungeschälten, angeschlagenen Knoblauchzehe und eventuell 2–3 EL Geflügelbrühe zugedeckt ca. 2 Min. garen. Die Petersilie abbrausen, die Blätter in Streifen schneiden. Das Gemüse mit Salz und Pfeffer abschmecken und die Hälfte der Petersilie untermischen.

3. Die Pfanne wieder auf den Herd stellen, 1 EL Butter mit der restlichen Petersilie aufschäumen lassen und das Fleisch darin noch einmal rundum nachbraten. Mit dem Gemüse servieren.

Tipp

Der auf dem Rezeptbild sichtbare kleine Knochen an der Poulardenbrust ist der Flügelknochen. Den können Sie mit dem Gelenk dran lassen, wenn Sie das Geflügel selber zerlegen (Seite 28). Schmeckt aber auch ohne, dann ist das Fleisch sogar 1–2 Min. schneller gar.

Maishähnchen

mit Avocadocreme

Backofen, Backofenblech,
Messer, Schneidbrett, Pfanne,
feine Reibe, Schüssel

Für 4 Personen
4 Maishähnchenkeulen
Salz, Pfeffer, Zucker
400 g gekochte Kartoffeln
12 Babymaiskolben
4 EL Pflanzenöl
2 Knoblauchzehen
1 Avocado
1 Bio-Limette
1 EL Olivenöl
200 g Kirschtomaten
5 Stängel Basilikum
120 g Maiskörner (Glas)

Zubereitung 20 Min.
Pro Portion ca. 595 kcal

1. Den Backofen auf 180° vorheizen. Die Hähnchenkeulen salzen und pfeffern. Tipp: Auf der Fleischseite stärker würzen, denn das Fleisch nimmt die Gewürze besser an.

2. Pflanzenöl in der Pfanne erhitzen, die Keulen darin von allen Seiten goldgelb anbraten. Mit der Hautseite nach unten auf das Backblech legen und in den Ofen schieben.

3. Die Kartoffeln schälen und längs in Spalten schneiden. Die Babymaiskolben waschen, der Länge nach halbieren. Zusammen mit der ungeschälten, angeschlagenen Knoblauchzehe ebenfalls in der Pfanne kurz anbraten. Dann auf das Blech füllen und alles zusammen 10–12 Min. im Ofen braten.

4. Die Avocado längs rundum bis zum Kern einschneiden und halbieren, den Kern herauslösen und das Fleisch herauslöffeln. In einer Schüssel mit einer Gabel zerdrücken, mit Salz, Pfeffer und etwas Zucker würzen. Die Limette waschen, die Schale über der Schüssel fein abreiben, den Saft auspressen. 1–2 EL Limettensaft und Olivenöl unter die Avocadocreme rühren.

5. Die Kirschtomaten waschen und vierteln, die Kerne mit einem Teelöffel herauslöffeln und beiseite stellen. Die Tomatenfilets unter die Avocadocreme rühren. Basilikum waschen, Blätter in Streifen schneiden.

6. Das Blech aus dem Ofen nehmen, Kartoffeln und Mais in die Pfanne geben. Die Hähnchenkeulen wenden und wieder in den Ofen schieben. Maiskörner, Tomatenkerne und Basilikum unter die Kartoffeln mischen und kurz in der Pfanne schwenken, Knoblauchzehen herausnehmen. Das Gemüse mit den Hähnchenkeulen und der Avocadocreme anrichten.

Info

Maishähnchen werden im Unterschied zu normalen Hähnchen hauptsächlich mit frischem Mais gefüttert. Dadurch färbt sich Haut und Fleisch gelblich. Sie können für dieses Gericht auch normale Hähnchen verwenden.

Crispy Hähnchen

mit Traubenreis

Reibe, Messer, Schneidbrett,
Frischhaltefolie, 2 große
Pfannen, 3 Teller

Für 2 Personen

50 g frischer Meerrettich

2 Hähnchen-Oberkeulen

Salz, Pfeffer, Zucker

2 TL Senf

10 g Mehl

50 g Semmelbrösel

1 Ei

3 EL Pflanzenöl

80 g kernlose Weintrauben
(rot und grün)

1 Spitzpaprika

2 EL Olivenöl

30 g Walnusskerne

100 g gekochter Basmatireis

30 g Parmesan

1 Bund Rucola

30 g Erbsensprossen (oder
andere Sprossen)

80 ml Joghurt-Vinaigrette
(Seite 23)

Zubereitung 30 Min.

Pro Portion ca. 850 kcal

1. Meerrettich schälen und 1 EL fein reiben. Die Hähnchenkeulen entbeinen (Stepfotos rechts), das Fleisch zwischen 2 Folienblättern auf ca. 1 cm plattieren. Beide Seiten salzen und pfeffern. Die Fleischseite mit Senf bestreichen und anschließend mit geriebenem Meerrettich bestreuen.

2. Mehl und Semmelbrösel jeweils auf einen Teller füllen, das Ei auf einem dritten Teller aufschlagen und verquirlen. Das Fleisch auf der gewürzten Seite erst in Mehl, dann in Ei tauchen und zum Schluss mit Semmelbröseln panieren.

3. In einer großen Pfanne Pflanzenöl erhitzen. Das Schnitzel zuerst auf der panierten Seite bei mittlerer Hitze ca. 2 ½ Min., dann auf der Hautseite ca. 3 ½ Min. goldgelb braten.

4. Inzwischen die Trauben waschen und halbieren. Paprika waschen, putzen und in Ringe schneiden (geht gut mit dem Gemüsehobel). Olivenöl in einer zweiten Pfanne erhitzen. Trauben, Paprika und Walnüsse anschwitzen, salzen, pfeffern und etwas zuckern. Den vorgegarten Reis untermischen und erwärmen. Dann den Parmesam reiben und unterheben.

5. Rucola putzen, waschen und trockenschleudern, Sprossen in einem Sieb abbrausen und abtropfen lassen. Das Fleisch auf dem Reis mit Rucola und Sprossen anrichten, die Vinaigrette als Dip dazu reichen.

Hähnchen-Oberkeulen können Sie als Teile kaufen. Sollten Sie nur ganze Keulen bekommen, trennen Sie die Unterkeulen am Gelenk ab (1). Dann die Oberkeulen entlang des Knochens aufschneiden (2) und den Knochen herauslösen (3). So entsteht ein flaches Fleischstück, das wie in diesem Rezept wie ein Schnitzel paniert werden kann. Vor dem Weiterverarbeiten wird es noch etwas flach geklopft – plattiert.

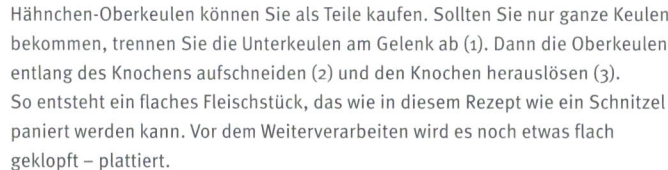

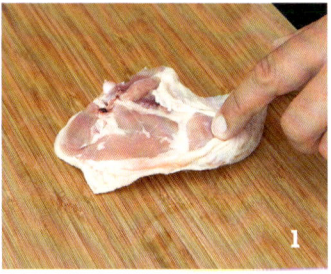

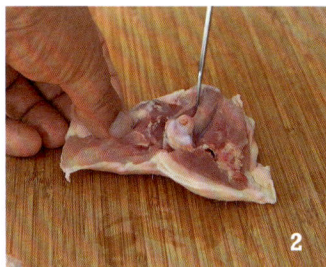

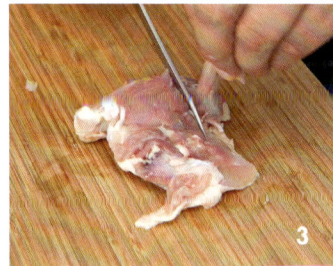

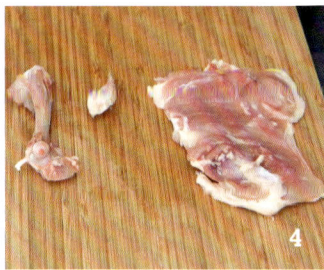

Hähnchenkeule

mit Oliven-Ciabatta

Messer, Schneidbrett,
2 Pfannen

Für 2 Personen

2 Hähnchenoberschenkel

Salz, Pfeffer, Zucker

2 EL Pflanzenöl

je 1 Zweig Thymian und
Rosmarin

1 Knoblauchzehe

2 kleine Romana-Salatherzen

1 EL Butter

10 Kirschtomaten (200 g)

je 10 eingelegte grüne und
schwarze Oliven ohne Kerne

5 Stängel Basilikum

1 Chilischote

2 EL Olivenöl

4–6 Scheiben Oliven-Ciabatta
(je nach Größe)

2 EL Tomatensauce (Seite 24)

40 g Parmesan

Zubereitung 20 Min.

Pro Portion ca. 810 kcal

1. Die Hähnchenschenkel entbeinen (Seite 111), salzen und pfeffern. In einer Pfanne das Pflanzenöl erhitzen, das Fleisch auf der Hautseite hinein legen, mit Thymian, Rosmarin und der ungeschälten, angeschlagenen Knoblauchzehe bei mittlerer Hitze goldgelb anbraten.

2. Die Romanaherzen waschen, vierteln, mit Salz und Zucker würzen. Zum Fleisch geben und von jeder Seite ca. 1 ½ Min. mitbraten, dann aus der Pfanne nehmen. Die Hitze auf ein Drittel reduzieren, Butter dazugeben, die Hähnchenkeulen wenden und weiterbraten.

3. Die Kirschtomaten waschen und halbieren. Die Oliven halbieren, Basilikum abbrausen, die Blätter grob schneiden, die Chilischote waschen und längs einschneiden.

4. Das Olivenöl in einer zweiten großen Pfanne erhitzen, Kirschtomaten, Oliven, Chilischote und Basilikum dazu geben und bei mittlerer Hitze kurz anbraten. Das Tomatengemüse auf die eine Seite der Pfanne schieben, auf der anderen Seite die Brotscheiben anbraten. Dann die Pfanne etwas kippen und den Sud immer wieder über das Brot löffeln.

5. Die Romanaherzen auf 2 Tellern anrichten, mit Tomatensauce beträufeln und Parmesan darüber reiben. Das Hähnchenfleisch und die mit dem Tomatengemüse belegten Brotscheiben portionsweise dazulegen.

Tipp

Für 4 Personen die Menge einfach verdoppeln. Dann das Brot nicht mit anbraten, sondern einfach knuspriges Baguette dazu reichen.

Putensteak mit Shrimps

und Mango-Avocado-Salat

Feine Reibe, Messer, Schneidbrett, Pfanne, Schüssel

Für 2 Personen

1 Bio-Limette

½ Mango

½ Avocado

Salz, Pfeffer, Zucker

2 EL Olivenöl

2 Putensteaks (je ca. 150 g)

3 EL Pflanzenöl

100 g Eismeer-Shrimps
(TK; aufgetaut)

4 EL Teriyaki-Sauce (Seite 25)

1 Bund Frühlingszwiebeln

250 g Cranberries
(frisch oder TK)

1 Maracuja (Passionsfrucht)

25 g geröstete Sesamsamen

5 Stängel Koriander

Zubereitung 25 Min.

Pro Portion ca. 740 kcal

1. Die Limette waschen, Schale fein abreiben und den Saft auspressen. ½ Mango längs vom Kern schneiden und schälen. Die Avocado längs halbieren, eine Hälfte schälen. Die geschälte Hälften in Scheiben schneiden und flach auf zwei Tellern ausbreiten. Mit Salz, Pfeffer, der Hälfte der Limettenschale und 1–2 EL Saft würzen und 2 EL Olivenöl darüber träufeln.

2. Die Putensteaks salzen und pfeffern. Das Pflanzenöl in einer Pfanne erhitzen und das Fleisch scharf anbraten, dann die Hitze reduzieren.

3. Die Shrimps in einer Schüssel mit Salz, Pfeffer, der restlichen Limettenschale, 2 EL Saft und 1 EL Teriyaki-Sauce marinieren. Die Frühlingszwiebeln putzen, in feine Ringe schneiden und zu den Shrimps geben.

4. Nach ca. 2 Min. die Putensteaks wenden, Cranberries dazu geben und 1 Min. mitbraten. Die Maracuja halbieren und das Frucht-

fleisch herauslöffeln, mit den Sesamsamen und der restlichen Teriyaki-Sauce in die Pfanne geben und gut durchschwenken.

5. Die Steaks mit der Sauce und den Shrimps auf dem Mango-Avocado-Salat anrichten. Koriander abbrausen, Blättchen abzupfen und darüber streuen.

Info | **Teriyaki-Sauce** ist eine asiatische Würzsauce, die es in vielen Varianten und Geschmacksrichtungen fertig im Asienladen zu kaufen gibt. Ich habe mein eigenes Rezept entwickelt. Versuchen Sie es mal (Seite 25).

Putensteak im Gemüsedampf

mit heißem Mozzarella

Sparschäler, Messer, Schneidbrett, Schnellkochtopf, große Schüssel

Für 4 Personen
200 g Möhren
100 g Champignons
200 g Lauch
300 g Brokkoli
Salz, Pfeffer, Zucker
4 Putensteaks (à 150 g; s. Tipp)
4 große Spitzkohlblätter
5 Stängel Basilikum
200 g Mozzarella
4 EL Olivenöl
4 EL Aceto balsamico
30 g Sesamsamen

Zubereitung 30 Min.
Pro Portion ca. 460 kcal

1. Möhren schälen und halbieren, die Pilze mit einem Tuch abreiben und vierteln, den Lauch waschen, putzen und in Stücke schneiden, den Brokkoli in Röschen teilen. Alle Gemüse in den Schnellkochtopf geben, salzen, zuckern und gut mischen.

2. Die Putensteaks von beiden Seiten salzen, pfeffern und auf das Gemüse setzen. Die Spitzkohlblätter waschen, die dicken Blattrippen flach schneiden. Die Blätter in einer großen Schüssel mit kochendem Wasser überbrühen. Basilikum waschen und die Blätter grob zerzupfen.

3. Kohlblätter abgießen, trockentupfen. Den Mozzarella in 4 Portionen teilen, jedes Stück auf ein Kohlblatt legen, salzen und pfeffern. Basilikum, Olivenöl und Aceto balsamico dazu geben. Die Spitzkohlblätter seitlich über den Mozzarella schlagen, dann den Käse einwickeln. Die Päckchen in den Schnellkochtopf legen. Etwas Wasser dazu geben. Den Topf schließen und erhitzen. Wenn der Druck aufgebaut ist, die Hitze reduzieren und bei vollem Druck ca. 2 Min. garen.

4. Dann den Schnellkochtopf vom Herd nehmen, abdampfen lassen und öffnen. Gemüse mit den Putensteaks und den Kohlpäckchen anrichten, mit Sesamsamen bestreuen.

Tipp

Kaufen Sie für dieses Gericht unbedingt Putenfilet, kein Putenschnitzel. Das Filet wird aus dem kleinen Brustmuskel geschnitten. Es bleibt bei der Zubereitung wunderbar saftig und zart.

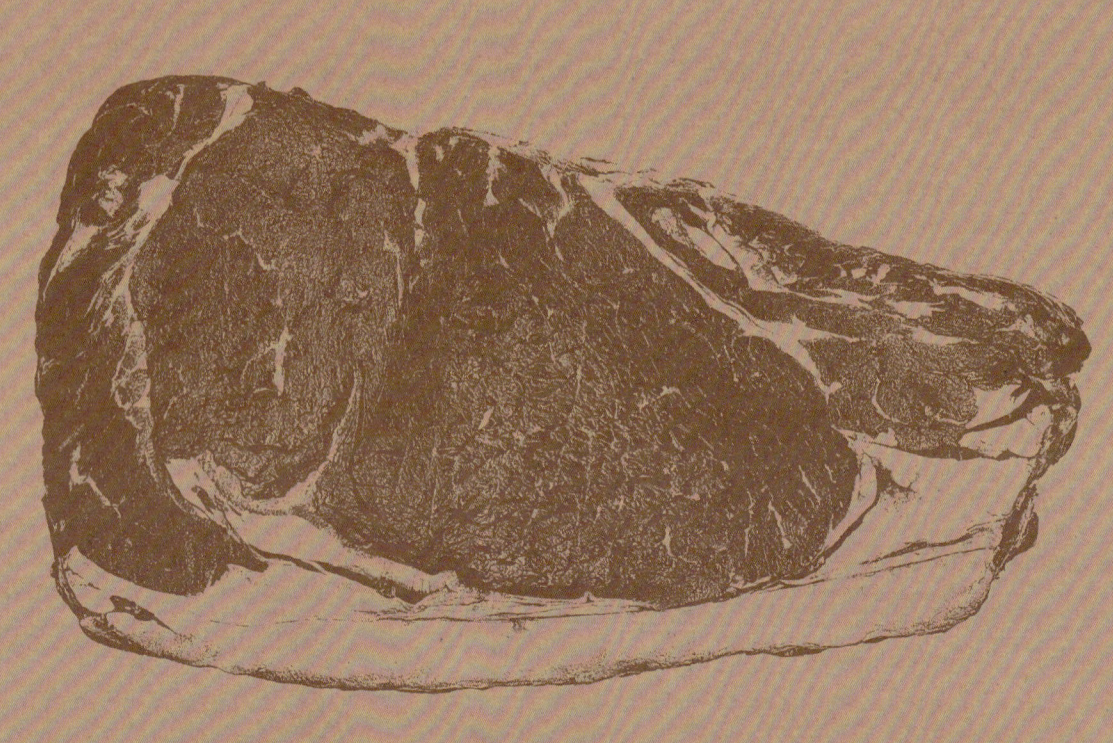

FLEISCH

Rind, Lamm und Schweinefleisch
mal als deftiges Ragout, mal ganz
fein zum Verwöhnen – und immer
mit leckerem Gemüse.

Rindersteak
mit knusprigem Tobinambur und Kürbis

Messer, Schneidbrett, Gemüsehobel, 2 große Pfannen

Für 4 Personen

600 g Rinderhüftsteak, in 2 cm
dicke Scheiben geschnitten

Salz, Pfeffer

200 g Hokkaido-Kürbis

300 g Tobinambur

4 EL Pflanzenöl

200 g Rosenkohl

1 Zweig Thymian

2 Zweige Rosmarin

2 Knoblauchzehen

5 Stängel Petersilie

4 EL Weißweinessig

1 EL Butter

1 EL Kürbiskernöl

30 g Kürbiskerne

Zubereitung 25 Min.

Pro Portion ca. 500 kcal

1. Das Fleisch in 2 cm dicke Scheiben schneiden, von beiden Seiten salzen und pfeffern. Ca. 3 Min. ziehen lassen, damit die Gewürze in das Fleisch einziehen können.

2. Inzwischen den Kürbis waschen mit einem Gemüsehobel fein hobeln mit Salz und Zucker marinieren. Topinambur gut waschen und mit der Schale in 3 mm dicke Scheiben schneiden.

3. 2 EL Pflanzenöl in einer großen Pfanne erhitzen, die Steaks bei mittlerer Hitze auf jeder Seite 1½ Min. anbraten. Inzwischen den Rosenkohl putzen und vierteln.

4. In einer zweiten Pfanne 2 EL Pflanzenöl erhitzen. Topinambur hineingeben, salzen und pfeffern und mit dem Thymian und 1 Zweig Rosmarin bei mittlerer Hitze in etwa 10 Min. goldgelb braten. Dabei ab und zu wenden.

5. Das Fleisch aus der Pfanne nehmen und zugedeckt ruhen lassen. Den Rosenkohl, 1 Zweig Rosmarin und die ungeschälten, angeschlagenen Knoblauchzehen in die Pfanne geben und 4 Min. bei mittlerer Hitze braten. Die Petersilie waschen, Blätter in Streifen schneiden.

6. Den marinierten Kürbis zum Rosenkohl geben und 2–3 Min. mitbraten. Dann Essig und 1 EL Kürbiskernöl unterrühren und alles in eine Schüssel füllen.

7. Butter und Petersilie in der Pfanne aufschäumen und das Fleisch darin noch einmal kurz nachbraten, dabei die Petersilienbutter über die Steaks löffeln.

8. Den Topinambur mit Salz und Pfeffer nachwürzen und mit dem Fleisch anrichten. Den Kürbis mit Kürbiskernen bestreuen und dazu servieren.

Info

Topinambur wird wegen des artischockenähnlichen, nussigen Geschmacks auch Erdartischocke genannt. Sie sind leicht zu verarbeiten und vielseitig zu verwenden; man kann sie roh essen, braten, kochen und backen. Saison haben sie in der kalten Jahreszeit. Als Ersatz oder zur Abwechslung können Sie auch Artischockenböden oder Steckrüben verwenden.

Lauwarm mariniertes Entrecôte

mit kleinen Nudeln

Sparschäler, Messer, Schneidbrett, Schnellkochtopf, Schüssel, Schneebesen, Parmesanreibe

Für 4 Personen

500 g Entrecôte

Salz, Pfeffer, Zucker

1 große Möhre

1 Stange Lauch (ca. 150 g)

200 g kleine Nudeln

100 g rote Zwiebeln

5 getrocknete Tomaten

5 Stängel Petersilie

10 Stängel Schnittlauch

4 EL Weißweinessig

4 EL Olivenöl

40 g Parmesan

50 g kleine Oliven

Zubereitung 25 Min.

Pro Portion ca. 560 kcal

1. Das Fleisch von beiden Seiten gut salzen, leicht zuckern und pfeffern. Die Möhren schälen und in schräge dicke Scheiben schneiden, den Lauch waschen und in grobe Ringe schneiden. Das Gemüse in den Schnellkochtopf geben und mit Salz und einer Prise Zucker würzen. Gut vermengen, und etwa 2 Min. ziehen lassen.

2. Dann Nudeln und 150 ml Wasser dazu geben, gut durchrühren und aufkochen lassen. Das Fleisch auf das Gemüse legen. Den Topf verschließen und auf höchste Stufe erhitzen. Wenn der Druck aufgebaut ist, die Hitze reduzieren und ca. 8 Min. kochen lassen (wenn das Stück sehr dick ist, 1 Min. länger).

3. In der Zwischenzeit die Zwiebeln schälen und halbieren. Zwiebelhälften und getrocknete Tomaten längs in Streifen schneiden. Die Petersilie und den Schnittlauch abbrausen und klein schneiden.

4. In einer Schüssel den Essig mit 2 EL Wasser, Olivenöl, Salz, Pfeffer und Zucker mit einem Schneebesen verrühren. Die Zwiebel, Tomaten, Kräuter und Oliven dazugeben. Den Parmesan fein reiben.

5. Den Schnellkochtopf vom Herd nehmen, abdampfen lassen und öffnen. Das Fleisch herausnehmen und 1 ½ Min. zugedeckt ruhen lassen. Das Fleisch in Scheiben schneiden und mit den Nudeln auf 4 Tellern anrichten. Die Marinade darüber verteilen. Mit Parmesan bestreuen.

Tipp

Verwenden Sie die Olivensorte, die Ihnen am besten schmeckt, mit oder ohne Kern. Kleinere Oliven verteilen sich besser in der Marinade. Wenn Sie nur große Oliven haben, schneiden Sie das Fruchtfleisch in Streifen vom Kern bevor sie es untermischen.

Herzhafte Ochsen-Lollis

im kräftigen Sud

Topf, Holzspieße oder
Fonduegabeln, Messer,
Schneidbrett, feine Reibe,
große Platte, Schüssel

Für 4 Personen

1 l Rinderbrühe (Seite 31)

600 g gekochtes Rindfleisch
(Seite 31)

100 g Cornflakes

2 Bund Schnittlauch

100 g Meerrettich

200 g Schmand

Salz, Pfeffer, Zucker

2 EL Zitronensaft

Zubereitung 15 Min.

Pro Portion ca. 590 kcal

1. In einem Topf die Rinderbrühe aufkochen. Das Ochsenfleisch in daumendicke Steifen schneiden, längs auf Holzspieße oder Fonduegabeln spießen, in die Brühe stellen und darin erhitzen.

2. Inzwischen die Cornflakes zerdrücken. Den Schnittlauch waschen und in feine Röllchen schneiden. Den Meerrettich schälen und fein reiben. Cornflakes, Schnittlauch und Meerrettich auf einer langen Platte nebeneinander in Streifen anrichten (s. Foto). Den Schmand mit Salz, Pfeffer, Zucker und etwas Zitronensaft abschmecken und in eine Schale füllen.

3. Wie beim Fondue nimmt sich jeder Spieße aus dem Topf, taucht sie in den Schmand und wendet sie nach Geschmack in den Würzzutaten.

1. Um das Fleisch aufzuspießen können Sie Holzspieße, Fonduegabeln oder auch Grillspieße aus Metall verwenden.
2. Die Mischung aus scharfem Meerrettich, frischem Schnittlauch und knusprigen Cornflakes macht die Ochsen-Lollis zu einem Geschmackserlebnis.

Spicy Beef
mit Spitzkohl-Kartoffeln

Schnellkochtopf, Messer,
Schneidbrett, Gemüsehobel,
Pfanne

Für 2 Personen
200 ml Rinderbrühe (Seite 31)
300 g rote Kartoffel
300 g Spitzkohl
Salz, Pfeffer, Zucker
300 g Rinderhüfte
½ Stange Lauch
3 EL Pflanzenöl
20–30 ml Weißweinessig
20 g geröstete Sesamsamen
10 Stängel Kerbel
2 EL Teriyaki-Sauce (Seite 25)

Zubereitung 25 Min.
Pro Portion ca. 590 kcal

1. Die Rinderbrühe in den Schnellkochtopf gießen. Die Kartoffeln waschen, mit Schale in 5 mm dicke Scheiben hobeln, den Spitzkohl grob in Streifen schneiden. Beides in den Schnellkochtopf füllen, leicht salzen, pfeffern und aufkochen lassen. Den Topf verschließen und auf höchste Stufe erhitzen. Wenn der Druck aufgebaut ist, die Hitze reduzieren und ca. 2 ½ Min. kochen lassen.

2. Inzwischen das Fleisch in 5 mm dünne Scheiben schneiden, mit Salz, Pfeffer und Zucker würzen. Den Lauch putzen und in feine Ringe schneiden. 2 EL Pflanzenöl in einer Pfanne erhitzen, das Fleisch darin von allen Seiten scharf anbraten und wieder aus der Pfanne nehmen. Dann den Lauch in der Pfanne anbraten. Nach 3 Min. das Fleisch wieder dazugeben und gut schwenken.

3. Den Schnellkochtopf vom Herd nehmen, abdampfen lassen und öffnen. Die Brühe abgießen (aufbewahren), 1 EL Pflanzenöl und den Essig zu den Kartoffeln geben.

4. Die Kartoffeln und den Spitzkohl auf Teller verteilen. Fleisch und Lauch darauf anrichten. Sesamsamen und Kerbelblättchen darüber streuen und 1 EL Teriyaki-Sauce über jede Portion träufeln. Teriyaki-Sauce zum Nachwürzen dazu reichen.

Tipp Die Brühe aus dem Schnellkochtopf schmeckt sehr gut. Füllen Sie sie in kleine Tässchen und servieren Sie sie vorab als »Gruß aus der Küche«.

Info Die **roten Kartoffeln** haben meist nur eine rote Schale und sehen innen ganz normal aus. Wie z. B. die Sorten Roseval oder Cherie, beide sind vorwiegend festkochend. Die Sorte Highland Burgundy Red ist eine »echte« rote Kartoffel, die auch rotes Fleisch hat.

Wenn Sie mal violette Kartoffeln auf dem Markt entdecken, z. B. die Sorte Vitelotte, probieren Sie sie unbedingt. In der Schale gekocht, einfach mit Butter und etwas Salz, schmecken sie sehr fein und etwas nach Nüssen.

Geschmortes Lamm
mit Grünkohl und Creme-Polenta

Messer, Schneidbrett, Schnellkochtopf, Topf, Parmesanreibe

Für 4 Personen
400 g Grünkohlblätter (ohne Stiel)
600 g Lammschulter ohne Knochen
2 Schalotten
1 Chilischote (je nach Geschmack)
80 g getrocknete Aprikosen
2 Tomaten
Salz, Pfeffer, Zucker
2 EL Pflanzenöl
4 EL Olivenöl
½ l Geflügelbrühe (Seite 29)
200 g Instant-Polenta
100 g Maiskörner (Dose/Glas)
1 EL Butter
50 g geriebenen Parmesan

Zubereitung 20 Min.
Pro Portion ca. 730 kcal

1. Den Grünkohl von den Blattrippen streifen, gut waschen und grob hacken. Das Lammfleisch in 1 cm dicke Streifen schneiden. Die Schalotten schälen, in feine Ringe schneiden, ½ Chilischote sehr fein schneiden, die getrockneten Aprikosen in Streifen schneiden. Tomaten waschen, grob würfeln, dabei den Stielansatz entfernen.

2. Alles in den Schnellkochtopf füllen, salzen, pfeffern und leicht zuckern und gut mischen. Pflanzenöl, 2 EL Olivenöl und etwa 4 EL Wasser dazu geben. Den Topf verschließen und auf höchste Stufe erhitzen. Wenn der Druck aufgebaut ist, die Hitze reduzieren und ca. 2 Min. kochen lassen.

3. Die Geflügelbrühe in einem Topf mit 2 EL Olivenöl aufkochen. Die Instant-Polenta nach und nach einrühren. Die Maiskörner dazu geben. Mit Salz und Pfeffer abschmecken und ca. 1 Min. kochen lassen. Dann Butter und Parmesan unterrühren.

4. Den Schnellkochtopf vom Herd nehmen, abdampfen lassen und öffnen. Die Polenta auf Teller verteilen und das Lammragout darauf anrichten.

Info

Polenta ist der Name für das Gericht und den Maisgrieß, aus dem es gekocht wird. In der klassischen Variante dauert der Kochvorgang ziemlich lange. Darum verwenden wir die schnellere Instant-Polenta (vorgegarter Polentagrieß). Wenn Sie es doch mal traditionell versuchen wollen, benötigen Sie neben Maisgrieß mittlerer Stärke kochendes Salzwasser, in das der Grieß langsam eingerührt wird. In sehr regelmäßigen Abständen muss nun immer wieder umgerührt werden Die Polenta ist fertig, wenn sie sich vom Topfrand löst.

Gebratene Lammkeule

mit Ratatouille

**Messer, Schneidbrett,
Schnellkochtopf, Pfanne**

Für 4 Personen
100 g Zwiebel
je 1 rote und gelbe Paprika
100 g Tomaten
200 g Zucchini
Salz, Pfeffer, Zucker
150 ml Tomatensauce (Seite 24)
5 EL Olivenöl
2 Knoblauchzehen
2 Zweige Thymian
50 g Pinienkerne
600 g Lammkeule ohne Knochen
1 kleiner Bund Petersilie
1 EL Butter
1 kleiner Bund Basilikum

Zubereitung 30 Min.
Pro Portion ca. 615 kcal

1. Die Zwiebel schälen und klein würfeln. Paprika, Tomaten und Zucchini waschen, putzen und in grobe Stücke schneiden. Alle Zutaten in den Schnellkochtopf geben. Das Gemüse salzen, zuckern und gut kneten.

2. Anschließend die Tomatensauce, 2 EL Olivenöl, 1 ungeschälte, angeschlagene Knoblauchzehe und 1 Zweig Thymian dazu geben und alles aufkochen lassen. Den Topf verschließen und auf höchste Stufe erhitzen. Wenn der Druck aufgebaut ist, die Hitze reduzieren und ca. 2 Min. kochen lassen.

3. Die Pinienkerne in der Pfanne ohne Fett hellbraun rösten und herausnehmen. Tipp: Die Pinienkerne und andere Nüsse nach dem Rösten nie in der Pfanne lassen. Sie werden sonst in der heißen Pfanne zu dunkel. Besser auf einen Teller schütten, auf dem sie abkühlen können.

4. Die Lammkeule in ca. 1 ½ cm dicke Scheiben schneiden, von beiden Seiten mit Salz und Pfeffer würzen. Das restliche Olivenöl in die Pfanne gießen, das Fleisch mit 1 Zweig Thymian und 1 ungeschälten, angeschlagenen Knoblauchzehe in die kalte Pfanne legen. Dann die Pfanne stark erhitzen und das Fleisch anbraten, nach 2 Min. wenden und auf halbe Hitze reduzieren.

5. Die Petersilie waschen, die Blätter in Streifen schneiden. Butter und Petersilie nach weiteren 2 Min. zum Fleisch geben, aufschäumen lassen und über das Fleisch schöpfen.

6. Den Schnellkochtopf vom Herd nehmen, abdampfen lassen und öffnen. Basilikum abbrausen, Blätter in Streifen schneiden und mit etwas Olivenöl unter das Gemüse rühren. Das Lammfleisch mit dem Gemüse auf 4 Tellern anrichten und die Pinienkerne darüber streuen.

Tipp

Lammfleisch zum Kurzbraten

Jeder kennt die im Ganzen gebratene oder geschmorte Lammkeule, doch das Fleisch eignet sich auch sehr gut zum Kurzbraten oder Grillen. Alternativ können Sie Lammlachse verwenden, das sind ausgelöste Kotelettstücke. Zum Ratatouille passen natürlich auch die klassischen gegrillten oder in der Pfanne gebraten Lammkoteletts. Sie haben durch den Knochenanteil allerdings eine etwas längere Garzeit.

Lamm-Kartoffel-Topf

Messer, Schneidbrett,
Schnellkochtopf

Für 2 Personen
200 g rohe Kartoffeln
50 g Schalotten
150 g Bohnen
150 g Kirschtomaten
4 Stängel Petersilie
1 Zweig Thymian
1 Knoblauchzehe
Salz, Pfeffer, Zucker
¼ l Geflügelbrühe (Seite 29)
200 g Lammschulter oder
-keule ohne Knochen
150 ml Tomatensauce
(Seite 24)
2 EL Olivenöl

Zubereitung 30 Min.
Pro Portion ca. 380 kcal

1. Die Kartoffeln schälen und in ca. 3 mm dicke Scheiben hobeln. Die Schalotten schälen, halbieren und der Länge nach in hauchdünne Scheiben schneiden. Die Bohnen putzen und halbieren. Die Tomaten waschen, halbieren, Stielansatz entfernen. Petersilie waschen, Blätter in Streifen schneiden.

2. Das Gemüse zusammen mit Thymian, den ungeschälten, angeschlagenen Knoblauchzehen und der Petersilie in den Schnellkochtopf füllen, salzen, pfeffern und leicht zuckern. Die Geflügelbrühe dazugießen und ohne Druck aufkochen lassen.

3. Das Fleisch in ca. 5 mm dicke Streifen schneiden, leicht salzen und pfeffern und auf Gemüse und Kartoffeln verteilen, die Tomatensauce darüber gießen. Den Topf verschließen und auf höchste Stufe erhitzen. Wenn der Druck aufgebaut ist, die Hitze reduzieren und ca. 2 Min. kochen lassen.

4. Danach den Topf vom Herd nehmen, abdampfen lassen und vorsichtig öffnen. Den Eintopf noch einmal abschmecken, anrichten und mit Olivenöl beträufeln.

Variante Für diesen deftigen Lamm-Kartoffel-Topf können Sie fast alle Gemüse verwenden. Richten Sie sich einfach nach dem Angebot der Saison und Ihrem persönlichen Geschmack. Statt der Bohnen schmecken auch Möhren, Pastinaken, Schwarzwurzeln oder auch Steckrüben. Auch die verschiedenen Kohlsorten sind gut geeignet.

Schweinenacken

mit Nektarinen-Pilz-Ragout

Messer, Schneidbrett,
Schnellkochtopf, Pfanne

Für 4 Personen

400 g Schweinenacken
ohne Knochen

Salz, Pfeffer, Zucker

100 g Lauch

4 EL Olivenöl

1 EL Butter

2 Knoblauchzehen

300 g Pilze (Kräutersaitlinge,
Champignons)

2 Nektarinen

1 Zweig Rosmarin

1 Zweig Thymian

1 kleiner Bund Petersilie

4 EL Sauerrahm

Zubereitung 20 Min.

Pro Portion ca. 375 kcal

1. Den Schweinenacken in 1 cm dicke Streifen schneiden, mit Salz, Pfeffer und etwas Zucker würzen und im Schnellkochtopf gut vermischen.

2. Den Lauch waschen, putzen und in Stücke schneiden, mit 40 ml Wasser, 1 EL Olivenöl, ½ EL Butter und 1 ungeschälten, angeschlagenen Knoblauchzehe zum Fleisch geben und alles gut mischen. Den Topf verschließen und auf höchste Stufe erhitzen. Wenn der Druck aufgebaut ist, die Hitze reduzieren und ca. 2 ½ Min. kochen lassen.

3. Pilze putzen, in Scheiben schneiden, Nektarinen waschen und in Spalten vom Kern schneiden. Den Schnellkochtopf vom Herd nehmen, abdampfen lassen und öffnen.

4. Die restliche Butter und 3 EL Olivenöl in einer Pfanne erhitzen. Rosmarin, Thymian und 1 ungeschälte, angeschlagene Knoblauchzehe darin anbraten, die Pilze dazu geben und mit

Salz, Pfeffer und Zucker würzen. Petersilie abbrausen, Blätter in Streifen schneiden. Sobald die Pilze sich leicht verfärben die Nektarinen dazu geben. Kurz mitbraten und dann den Sauerrahm dazu geben. Fleisch und Pilzragout zusammen servieren.

Varianten

• Verwenden Sie in der Pilzsaison statt der Zuchtpilze mal Steinpilze. Sind edel und schmecken genial gut.

• Statt der Nektarinen können Sie Pfirsiche oder große Pflaumen verwenden.

• Für eine schnelle vegetarische Variante servieren Sie das Ragout mit Gnocchi oder frischen Nudeln aus der Kühltheke.

Schweinefilet im Kräutermantel

auf Kraut und Rüben

Salatschleuder, Messer, Schneidbrett, Küchenpinsel, Schnellkochtopf

Für 4 Personen

Je 1 kleiner Bund Kerbel,
Dill, Schnittlauch und Petersilie

600 g **Schweinefilet**

Salz, Pfeffer, Zucker

1 EL Senf

1 TL Honig

100 g **Weißkohl**

200 g **Möhren**

300 g **Sauerkraut** (am besten frisch,
ersatzweise aus der Dose)

4 EL Olivenöl

50 g Meerrettich

Zubereitung 30 Min.
Pro Portion ca. 315 kcal

1. Die Kräuter abbrausen, trockenschleudern und fein schneiden (bis auf einen Teil des Schnittlauchs). Das Schweinefilet rundum salzen und pfeffern. Senf und Honig verrühren und das Fleisch damit einpinseln. Dann in den Kräutern wälzen.

2. Den Kohl in Streifen schneiden, die Möhren schälen und schräg in 3–4 Stücke schneiden. Kohl und Möhren in den Schnellkochtopf geben, leicht salzen und zuckern und gut durchkneten. Das Sauerkraut, Olivenöl und 2 EL Wasser dazu geben, das Schweinefilet darauf setzen. Den Topf verschließen und auf höchste Stufe erhitzen. Wenn der Druck aufgebaut ist, die Hitze reduzieren und ca. 3 Min. kochen lassen.

3. Den Schnellkochtopf vom Herd nehmen, abdampfen lassen und öffnen. Das Schweinefilet herausnehmen, in Scheiben schneiden. Kraut und Rüben auf Tellern mit dem Fleisch anrichten. Den Meerrettich schälen und darüber reiben. Mit dem restlichen Schnittlauch garnieren.

Tipps

• Wer das Fleisch lieber durchgegart isst, schneidet es vorher in Scheiben und gibt es so in den Topf.

• Die Kräuter können Sie nach Geschmack und Saison variieren.

Minutensteak
mit Spargel und Kohlrabi

Sparschäler, Messer, Schneidbrett, Pfanne, Topf mit Deckel, Parmesanreibe

Für 2 Personen

100 g Spargel

300 g Schweinelachs (ausgelöstes Kotelettstück)

Salz, Pfeffer, Zucker

2 EL Pflanzenöl

1 Zweig Rosmarin

1 Zweig Thymian

1 Knoblauchzehe

300 g marinierter Kohlrabi und 1 EL Sud (Seite 26)

1 EL Butter

5 Stängel Petersilie

10 Stängel Schnittlauch

40 g Bergkäse

Zubereitung 30 Min.

Pro Portion ca. 420 kcal

1. Den weißen Spargel schälen, vom grünen Spargel die holzigen Enden abschneiden, die Stangen in Stücke schneiden (dicke Stangen entweder vorher längs halbieren oder schräg in Scheiben schneiden). Das Fleisch in ca. 1 cm dicke Scheiben schneiden, mit Salz, Pfeffer und etwas Zucker würzen.

2. Öl in einer großen Pfanne erhitzen, das Fleisch, Rosmarin und Thymian darin bei mittlerer Hitze ca. 1 Min. von jeder Seite anbraten. Das Fleisch herausnehmen und zugedeckt ruhen lassen. Den Spargel und die ungeschälte, angeschlagene Knoblauchzehe in der Pfanne 3–4 Min. braten.

3. Inzwischen den marinierten Kohlrabi mit Sud, 1 TL Butter und einer ungeschälten, angeschlagenen Knoblauchzehe in einem Topf ca. 2 Min. zugedeckt garen.

4. Petersilie und Schnittlauch abbrausen, Petersilienblätter in Streifen, Schnittlauch in Röllchen schneiden. Spargel aus der Pfanne nehmen. Petersilie und die restliche Butter in der Pfanne aufschäumen lassen, das Fleisch darin kurz nachbraten. Alles zusammen anrichten und den Bergkäse darüber reiben.

Schweinefilet

mit Ur-Möhren

Backofen, Messer, Schneidbrett, 2 Töpfe, Sparschäler,
Gemüsehobel

Für 4 Personen

400 g Chinakohl

Salz, Pfeffer, Zucker

3 EL Olivenöl

5 Stängel Petersilie

600 g Schweinefilet

6 EL Tomatensauce (Seite 24)

4 EL Pflanzenöl

400 g Urmöhren (Beta Sweets;
oder normale Möhren)

1 Knoblauchzehe

10 Stängel Schnittlauch

4 EL Crème fraîche

1 EL Butter

Zubereitung 20 Min.

Pro Portion ca. 435 kcal

1. Den Backofen auf 150° vorheizen. Die Blätter des Chinakohls ablösen, waschen und trockentupfen. Leicht salzen und pfeffern und mit Öl beträufeln. Auf einem Blech im Backofen 6 Min. garen.

2. Petersilie abbrausen, Blätter in Streifen schneiden. Das Schweinefilet in Scheiben schneiden, salzen und pfeffern. Die Tomatensauce und 2 EL Pflanzenöl in einem Topf aufkochen und die Schweinelendchen hinein setzen. Die Petersilie darüber streuen und zugedeckt bei kleiner Hitze ca. 5 Min. rosarot garen, dabei das Fleisch nach 2 ½ Min. wenden.

3. Die Möhren schälen und in feine Scheiben hobeln. In einem Topf leicht salzen und zuckern, gut mischen und eine ungeschälte, angeschlagene Knoblauchzehe dazugeben. Mit 2 EL Pflanzenöl und 2–3 EL Wasser zugedeckt ca. 2 Min. garen.

4. Den Schnittlauch fein in Röllchen schneiden. Die Chinakohlblätter aus dem Backofen nehmen und mit Crème fraîche bestreichen, pfeffern und mit der Hälfte des Schnittlauchs bestreuen.

5. Die Butter und den restlichen Schnittlauch unter die Möhren rühren. Schweinefilet und Möhren auf den Chinakohlblättern nebeneinander anrichten.

Info

Die **Urmöhre** wird auch Gesundheitsmöhre genannt, weil sie neben einem hohen Anteil an Karotin auch sehr viel Vitamin B und C enthält. Sie ist die Urform der heutigen Möhre und kommt in den Farben rot, violett und schwarz vor.

Beta-Sweets sind eine Kreuzung der Urmöhre mit der normalen Möhre. Sie vereint die positiven Eigenschaften beider Formen. Sie ist süßer und saftiger und enthält die Nährstoffe beider Kreuzungsprodukte.

Rezepte mit Schnellkochtopf sind mit einem (S) gekennzeichnet. Und alle Gerichte mit Basic-Zutaten aus dem Vorrat finden Sie noch einmal unter dem entsprechenden Stickwort (z. B. Geflügelbrühe).

Der Autor

Stefan Marquard

Ganz ehrlich: Ich hätte nie geglaubt, dass ich als ehemaliger Hauptschüler mal Bücher schreibe. Aber erstens kommt es anders, zweitens als man denkt. In diesem Buch geht es vor allem um schnell und saulecker kochen, denn das ist *das* Erfolgsrezept zum Entschleunigen: mit der Familie und Freunden frische, gesunde und echt feine Sachen essen und eine gute Zeit haben. Special tributes gehen an Marianne, die beste Schwiegermutter der Welt. Ohne ihre Hilfe und Organisation gäbe es das Buch erst in zwei Jahren, weil ich zwischendurch in meinem Küchen-Chaos versunken wäre.

© Foto: Götz Wrage

Die Fotografin

Catia Vetter studiert nach ihrer Ausbildung zur Fotografin Fotodesign in München und fotografiert für Magazine, Kataloge und Agenturen. Food zählt zu ihrer großen Leidenschaft. Wie es kam? Schon als Kind freundete sie sich mit ihrem Nachbarn Stefan Marquard an. Für gutes Essen und rockige Musik war also immer gesorgt. In München kreuzten sich ihre Wege wieder und mit ihrem Blick für schöne Dinge und Stefans Spontanität wurde das Foto-Shooting zum kreativen Erlebnis.

© 2012 GRÄFE UND UNZER VERLAG GmbH, München

Alle Rechte vorbehalten. Nachdruck, auch auszugsweise, sowie Verbreitung durch Film, Funk, Fernsehen und Internet, durch fotomechanische Wiedergabe, Tonträger und Datenverarbeitungssysteme jeglicher Art nur mit schriftlicher Genehmigung des Verlages.

Projektleitung: Birgit Rademacker
Texte: Anna Cavelius, Birgit Rademacker
Schlussredaktion und Korrektorat: Adriane Andreas
Umschlaggestaltung und Innenlayout: independent Medien-Design, Horst Moser, München
Herstellung: Susanne Mühldorfer
Satz: Liebl Satz+Grafik, Emmering
Reproduktion: Longo AG, Bozen
Druck: aprinta, Wemding
Bindung: m.appl, Wemding
Syndication: www.jalag-syndication.de

ISBN 978-3-8338-2708-2

1. Auflage 2012

Umwelthinweis: Dieses Buch ist auf PEFC-zertifiziertem Papier aus nachhaltiger Waldwirtschaft gedruckt.

GRÄFE
UND
UNZER

Ein Unternehmen der
GANSKE VERLAGSGRUPPE